하나님의 임재

IVP(InterVarsity Press)는
캠퍼스와 세상 속의 하나님 나라 운동을 지향하는
IVF(InterVarsity Christian Fellowship)의 출판부로
생각하는 그리스도인을 위한 문서 운동을 실천합니다.

Living in Christ's Presence
Copyright ⓒ 2014 by Jane Willard, John Ortberg and Dallas Willard Center
Translated and printed by permission of InterVarsity Press
P.O. Box 1400, Downers Grove, IL 60515, USA
All rights reserved.

Korean Edition ⓒ 2016, 2022 by Korea InterVarsity Press
156-10 Donggyo-ro, Mapo-gu, Seoul 04031, Korea

지금 여기서 누리는 하나님 나라

하나님의 임재

달라스 윌라드

윤종석 옮김

IVP

차례

서문 게리 문 ... 7

1. 잘 사는 법: 영원한 삶은 지금 시작된다 ... 9
   달라스 윌라드

2. 삶의 변화에 대한 전문가는 누구인가? ... 51
   존 오트버그

3. 하나님 나라에 들어가 사는 법 ... 87
   달라스 윌라드

4. 삼위일체 하나님을 아는 경험적 지식 ... 123
   존 오트버그

5. 인격 이해하기: 보이지 않는 부분까지 포함하여 ... 151
   달라스 윌라드

6. 그리스도인의 훈련이 지닌 중요성 ... 177
   존 오트버그

7. 축복 ... 215
   달라스 윌라드

감사의 말 ... 229
부록: 토론 가이드 게리 문 ... 231

서문
게리 문

달라스 윌라드는 교회사에서 높이 평가될 것이다. 그는 치열한 학자, 열정적인 성경 강해자, 하나님의 친구로서 보기 드문 조화를 이루며 살았다. 그를 잘 아는 사람들은 그의 지성에 감탄했으나 그를 사랑한 이유는 따로 있다. 하나님을 직접 경험하여 얻은 지식과 자신이 누린 하나님 나라의 삶을 사람들에게 나누고자 하는 열망 때문에 그는 사랑을 받았다.

당신이 손에 든 이 책은 2013년 2월 21-23일 캘리포니아 주 산타바바라에서 열린 집회의 내용을 엮은 것이다. 집회는 달라스 윌라드와 존 오트버그의 대화에서 비롯되었다. 존은 캘리포니아 주 멘로파크에 있는 멘로파크 장로교회의 담임목사이자 뛰어난 저자 겸 강사다.

집회의 주요 취지는 달라스의 저작과 사역, 곧 그의 가장 열정적인 사상을 개괄하는 것이었다. 집회는 "그리스도를 아는 지식"

(Knowing Christ Today)이라는 주제를 중심으로, 그의 모든 대표작을 관통하는 핵심 맥락을 제시하는 자리였다. 그 핵심은 삼위일체 하나님을 친밀하게 알고 그분의 영광스러운 나라에 들어가는 일이 가능하다는 것이다.

달라스와 존이 집회에서 나눈 대담은 책에 맞게 약간 편집되었을 뿐 대화의 느낌은 그대로 살아 있다. 각 장 첫머리에 있는 기도도 실제 집회 중에 드린 기도다. 각 장 후반부에는 해당 주제에 대한 대담을 실어, 존과 청중이 달라스에게 던진 질문을 통해 내용을 심화시켰다. 전체 대담을 담은 DVD도 나와 있으며, 부록으로 실은 토론 가이드와 흐름을 맞추어 제작되었다.

집회를 주최한 기관은 '기독교와 문화를 위한 마틴 연구소'(Martin Institute for Christianity and Culture)와 '기독교 영성 형성을 위한 달라스 윌라드 센터'(Dallas Willard Center for Christian Spiritual Formation)였다. 내가 실무 책임자로 있는 이곳은 에프와 패티 마틴이 지닌 비전과 배려 덕분에 존재한다. 당시 집회의 특성, 무엇보다도 달라스의 사상을 아주 잘 담아내고 보전한 이 책과 DVD와 토론 가이드가 당신에게 도움이 되기를 바란다.

1 잘 사는 법
영원한 삶은 지금 시작된다

달라스 윌라드

여러분이 은혜를 경험하기를,
여러분의 삶과 생각과 감정과 쉼 속에서
역사하시는 하나님을 경험하기를 기도합니다.
그분의 얼굴을 여러분에게 비추어 주시기를.
눕고 잘 때도 그 빛나는 얼굴이 여러분 위로 떠올라
꼭 필요한 생각을 주시기를.
삼위일체 하나님의 축복이
여러분과 여러분의 전 존재와 행위 위에 머물기를.
그렇게 하여 주시기를 기도합니다. 아멘.

— 달라스 윌라드

지금 교회는 무언가 결단할 수 있는 시기를 맞았다. 이스라엘 역사와 같이 교회사의 긴 세월 동안, 중대한 결단을 할 수 있었으나 그러지 못했다. 그간 교회는 꽤나 험한 시절을 보냈다. 그렇다고 교회를 비난할 생각은 없다. 교회를 이끄시는 분이 누구인지 알기 때문이다. 다만 때로 우리가 어디에서 와서 어디로 가고 있는지 알 필요가 있다.

이제야 비로소 많은 교회와 그리스도인 지도자들이 제자도와 그리스도를 닮는 변화가 중요하다고 말할 수 있는 시대로 접어들었다. 신약은 물론이고 구약만 읽었어도 진작에 그런 결론에 도달했을 텐데 말이다. 이를 피하기는 어렵다. 그럼에도 우리는 역사 속 정황에 사로잡혀 실상을 보지 못한다.

지금껏 우리가 지나온 시대에 우세했던 신학은 제자도와 무관했고, 적절한 믿음과 관계가 있었다. 즉 믿음을 보시고 개개인을 나쁜 곳이 아니라 좋은 곳에 보내시는 하나님과 관계가 있었다. 그러다 보니 성품이 최악인 사람조차 믿는 내용만 바르면 좋은 곳에 들어간다는 사상이 만연했다. 이런 괴리가 갈수록 교회를 짓눌러 마침내 자타가 공인하듯이 그리스도인과 비그리스도인 사이에 뚜렷한 차이가 없어지는 지경에 이르렀다.

물론 거기에는 기독교의 가르침이 일반 사회 곳곳에 스며든 탓도 있다. 교회에 다니지 않고 의지적으로 그리스도를 따르지 않는 사람도 예수님의 인격과 가르침을 어설프게 반쯤 실천하는 경우가 많다. 게다가 세상이 교회 스스로 내세운 잣대와 예수님의 가르침을 기준으로 교회를 비판하고 비난하기 좋아한다는 것은 잘 알고 있는 사실이다.

이런 정도라면 충분하지 않은가. 여러 지표들도 보이듯이 이제 우리는 변할 준비가 되었다. 그 변화로 세상은 놀랍도록 달라질 것이다. 처음부터 자기 백성을 향한 예수님의 취지는 세상의 혁명이었기 때문이다. 사실 하나님이 이스라엘 백성과 언약 관계를 맺기 전부터 그랬다. 지상명령을 읽다보면, 그것이 세상의 혁명에 관한 것임을 깨닫지 못할 수도 있다. 지상명령을 교회 개척에 관한 것으로 본다면 그것도 중요할 수 있고, 전도에 관한 것으로 본다면 그 또한 흔히 받아들여지는 관점이다. 하지만 결코 그렇지 않다. 지상명령은 아브라함을 통해 약속된 세상의 혁명이며, 예수님 안에서 실현되어 오늘날까지 그분의 백성 안에서 이어지고 있다. 그것이 바로 우리 마음이 갈망하는 바다. 설령 우리가 그 일에 어떻게 접근하고 어떻게 힘써야 할지 모를지라도 말이다.

그리스도를 아는 지식

내가 하고 싶은 말은 그리스도를 아는 지식이다. 믿음에 지식이 반영된 경우라면 모를까 믿음에 관한 것이 아니다. 그리스도를 아는 지식에 관한 것이다. 지난 백여 년에 걸쳐 사회는 각종 기관을 통해 아주 치밀하게 그리스도의 가르침을 지식의 영역 밖으로 몰아내어 소위 믿음의 영역이라는 곳에 두었다. 이런 변화로 믿음은 능력을 잃었다. 지식은 믿음 없이 가능하더라도, 믿음은 지식을 떠나서는 존재할 수 없기 때문이다. 성경을 통해서나 역사 속에 이루어진 하나님의 활동을 통해서 얻을 수 있는 것은 지식—하나님을 아는 지식, 인생을 아는 지식—이며, 지식의 존엄성은 회복되어야 한다. 따라서 우리의 초점은 삶에 필요한 지식, 그리고 인간 지식의 영역에서 예수 그리스도의 가르침과 그분의 백성을 몰아낼 때 초래하는 비참한 결과에 있다.

그런데 우리에게는 세속적 지식이라 부르는 이상한 것이 있다. 그것은 무엇인가? 실재는 과연 세속적인가? 실재가 세속적이 아니라면, 세속적 지식으로는 인간의 필요를 결코 채울 수 없다. 따라서 우리는 세상에 지식을 전하며, 목사를 비롯한 다른 그리스도의 대변자들도 세상에 지식을 전한다.

그리스도의 대변자란 어디에 있든지 그리스도를 대언하고 하나님을 아는 지식을 전하는 모든 남녀를 말한다. 그들은 인간 영혼에 관한 지식을 전한다. 그것이 없으면 세상은 질서를 잃는다. 모든 것이 생각하기 나름이 되며, 실제로 온갖 생각이 난무한다. 하나님, 그분의 속성, 창조의 목적, 그리스도를 보내신 일, 성령께서 세상에 오신 일 등의 실재에 어떻게 반응하느냐보다 내게 있는 것을 내가 어떻게 해석하느냐가 중요해진다. 사람들은 이것을 지식이라고 제시하기에, 그리스도를 아는 지식이라는 문제에 접근할 때 알아야 할 첫 번째는 바로 그 점이다.

두 번째도 그것과 밀접한 관계가 있다. 그리스도의 대변자들에게 있는 지식은 다른 누구에게도 없다. 그래서 사회에서 가장 중요한 사람이다. 시간과 영원의 참뜻에 관한 지식을 전하기 때문이다. 그들은 사람이 인생의 기초로 삼을 만한 지식을 전한다. 이 지식은 경험과 이성과 성경과 은혜와 노력과 기타 동원할 만한 모든 것을 토대로 하여, 다른 사람들에게도 전할 수 있다.

그리스도의 대변자는 주변 모든 사람에게 이런 지식을 전하므로 존엄하다. 그러나 안타깝게도 우리 문화에서 전도는 의미가 변했다. 전도를 지식을 전하는 일이 아니라, 사람들을 설득하여 무엇인가를 하게 하려는 시도로 여긴다. 믿음과 지식을 분리시키면 사람들을 어떤 행동으로 몰아가게 된다. 기초를 제공해 주어야 사람들이 이를 바탕으로 개인과 단체로서 어떻게 살아갈지를 결정할 수 있는데 말이다. 전도는 사람들을 괴롭히는 일련의 과정으로 변했고, 그러다 보니 전도하는 사람도 거의 없다.

젊은 시절 남침례교 목사였던 나는 교인들에게 왜 전도하지 않느냐는 말만 하면 아주 쉽게 죄책감을 유발할 수 있었다. 교단마다 조금씩 다르겠지만 서글프게도 현실이 그랬다. 나 역시 잘못을 고백하지 않을 수 없다. 내가 종종 그랬던 것은 사람들을 움직이려면 지식을 전하는 것이 아니라, 감정을 자아내야 한다고 생각했기 때문이다.

우리는 이제 그리스도의 대변자가 전하는 지식의 존엄성에 근거하여, 대변자의 존엄성을 회복시키고자 한다. 그리스도의 사람들을 배출하고 싶다. 그들은 자기 분야를 잘 안다고 내세우면서 개개인을 무장시켜 그리스도와 그분 백성의 전통에 기세 좋게 달려드는—전통적으로 지식이 늘 해 온 일이었다—다른 모든 사람들과 어깨를 나란히 해야 한다.

지금부터 최대한 충분히 말하겠지만, 내 말에 한두 마디 틀린 데도 있을 것이다. 당신이 불편해질 수도 있겠지만, 괜찮다. 내가 하는 말로 토론의 물꼬가 트이면 된다. 요지는 그리스도를 따르는 사람으로서 우리가 소유한 지식의 존엄성을 알아야 한다는 것이다.

유명한 말씀인 호세아 4장 6절에서는 "내 백성이 믿음이 없으므로 망하는도다"라고 하지 않고 "내 백성이 지식이 없으므로 망하는도다"라고 했다. 지식과 믿음은 서로 다른 종류의 것이다. 믿음과 지식의 차이에 대해서는 저서 『그리스도를 아는 지식』(*Knowing Christ Today*, 복있는사람)에 상술한 바 있다. 믿음과 지식은 둘 다 꼭 필요하지만 그래도 둘은 서로 다르다.

영성 형성

지식의 영역에서 믿음을 떼어 내려는 것이 아니다. 우리는 일반적 의미의 지식이 아니라, 영성 형성을 통해 오는 특별한 지식을 탐색해야 한다. **영성 형성**은 오래된 용어다. 많은 영역에서는 새로운 현상이지만, 사실 신약 성경만큼이나 오래되었다. 초대 교회 시기에는 영성 형성에 관해 부지런히 연구하고 발전시키고 기록했다. 가능하면 초창기 기독교 저작을 모은 『필로칼리아』(*Philokalia*, 은성)나, 같은 장르에 속하는 요한 카시아누스(John Cassian)의 『제도집』(*Institutes*)을 읽어 보라. 영성 형성이 무엇인지 알 수 있을 것이다.

그렇다면 영성 형성이란 무엇인가? 인격의 필수 부분들을 변화시켜 그리스도를 닮기까지 사람이 변화되는 과정이다. 사고의 변화가 절대 기본이지만 자아의 다른 부분들도 변화되어야 한다. 영성 형성은 행동을 수정하는 것이 아니라, 행동의 근원을 변화시키는 것이다. 그러면 행동은 저절로 따라오게 되어 있다. 사고가 올바르고 마음이 올바르고 몸과 영혼과 사회적 영역에서 우리가 맺는 관계가 올바르면, 전인(全人)은 그리스도의 길에 들어서서 기쁘고 힘차게 살아간다. 힘든 일이 아니다.

영적 삶이 힘들다는 것은 거짓말이다. 결코 그렇지 않다. 힘들지 않다. 오히려 쉬운 길이다. 정작 힘든 것은 다른 길이다. 세상을 보면 알 수 있다. 이 또한 우리가 사람들에게 전해야 할 지식이다. 자아가 변화되면 복된 삶으로 이어진다는 것을 사람들이 받아들이도록 도와야 한다.

쉬운 멍에

아주 익숙한 두 본문을 생각해 보라. 하나는 마태복음 11장에 나오는 예수님의 말씀인데, 이 말씀은 종종 당시 청중이 누구인지 생각하지 않고 맥락과 상관없이 인용된다. "수고하고 무거운 짐 진 자들아, 다 내게로 오라. 내가 너희를 쉬게 하리라. 나는 마음이 온유하고 겸손하니 나의 멍에를 메고 내게 배우라. 그리하면 너희 마음이 쉼을 얻으리니 이는 내 멍에는 쉽고 내 짐은 가벼움이라"(마 11:28-30).

삶이 참으로 쉽고 행복하고 강건한 사람은 그리스도와 함께 멍에를 메고 가는 사람이다. 그럴 때에야 비로소 우리는 힘과 지향점을 이끌어 내어 인간 실존의 잘못된 모든 것을 바로잡을 수 있다. 잘못된 주변 세상과 싸워야 할 때도 있으나 이는 세상에 꼭 필요한 싸움이며, 우리는 그리스도와 함께 쉬운 멍에를 메고 견고히 서야 한다.

그리스도의 멍에란 무엇인가? 이 말은 예수님 당시에는 소와 관련되어 있었는데, 말이나 다른 동물에도 적용될 수 있다. 동물 두 마리가 멍에를 함께 메고 짐을 끈다는 의미다. 따라서 그리스도와 함께 멍에를 멘다는 것은 곧 그분과 함께 그분의 짐을 끈다는 뜻이다. 그분의 짐은 무엇인가? 인간의 일상생활 속에 하나님의 통치를 들여놓는 일이다. 그래서 그분은 그렇게 오셔서 그렇게 사셨고 또 그렇게 죽으셨다. 평범한 인간 세상의 한가운데서 인간의 일상생활 속에 하나님 나라를 들여놓는 짐을 끄셨다. 이것이 그분의 메시지였고, 이 메시지는 만인을 향한 것이었다.

당신의 생각을 재고하라. 예수님이 마태복음 4장 17절에 명하신 대로 회개하라. **회개**란 사안에 대한 당신의 사고방식을 돌이켜 다시 생각한다는 뜻이다. 이제 당신도 천국을 누릴 수 있게 되었으니 회개하라. 이것이 그분의 메시지였다. 예수님과 함께 쉬운 멍에를 메고 그분이 주시는 가벼운―본래 가벼운 것이 아니라 우리가 그분께 메여 있기 때문에 가벼운―짐을 지려면 우리는 지금 하나님 나라와 동역하고 있음을 알아야 한다. 우리는 천국과 함께 일하고 있다.

본문에서 예수님이 말씀하시는 대상은 누구인가? 당신은 "그야 수고하고 무거운 짐 진 모든 사람이겠지"라고 말할지 모른다. 하지만 이 본문은 맥락 속에 놓고 보아야 한다. 당시는 예수님이 엄청난 반대와 거부에 직면하시던 시기였다. 뒤돌아가 마태복음 11장 전체를 읽어 보면 그런 상황이 부각된다. 세례 요한마저도 그분께 의문을 품었다. 그분이 자신의 기대에 부합하지 않았기 때문이다. 어떤 사람에게서 아주 솔직한 말을 들은 적이 있다. 예수님을 오랫동안 따르다 보면 그분께 실망하게 된다는 것이다. 본문이 바로 그런 상황이었다.

예수님은 고향인 나사렛에서 쫓겨나 가버나움과 고라신, 벳새다 등 주변의 많은 소읍으로 옮겨 다니셨다. 곳곳마다 기적을 많이 행하셨는데도 거부당하셨다. 그 사회를 지배하던 종교관과 하나님관 때문이었다. 그래서 "수고하고 무거운 짐 진 자들아, 다 내게로 오라"(마 11:28)는 말씀 전에 그분은 이렇게 언급하신다. "아버지여, 이것을 지혜롭고 슬기 있는 자들에게는 숨기시고 어린 아이들에게는 나타내심을 감사하나이다"(마 11:25).

사실 그분은 괴로운 종교적 짐을 지고 있는 사람들에게 말씀하고 계신다. 종교는 당신에게 그런 일을 한다. 당신을 지치게 한다. 우리가 해야 할 일이 있다면 종교라는 짐을 사랑과 지성으로 내려놓는 법을 배우는 일이다.

놀라운 사실이 있다. 영성 형성에 관해서는 당신의 종교적 입장이 무엇이든 거의 차이가 없다. 어느 교단이나 기독교 단체를 보든지, 신학은 서로 다르다. 각기 예수님에 대해 제시하는 특정 내용을 믿어야 한다. 하지만 영성 형성은 종교적 입장의 정통성과는 별개의 문제다. 예수님은 "나의 멍에를 메라"고 말씀하신다. 공적인 종교의 멍에를 벗겨 내라. 그러면 뒤돌아가 그것을 구속(救贖)할 수 있다. 하지만 먼저 하나님 나라의 멍에를 메고 살아가는 법을 그분께 배워야 한다.

나는 교회를 맹비난해야 한다고 생각하는 사람이 아니다. 제자도로 고칠 수 없는 교회의 잘못은 없다. 하나도 없다. 교회에 문제가 있는 경우—그런 문제는 일반 및 종교계의 내로라하는 정기 간행물에 단골로 거론된다—항상 원인은 제자도의 결핍에 있다. 공적인 구조는 크든 작든 무엇이든 중요하지 않다. 중요한 것은 이것이다. 당신은 제자인가?

사람들을 제자도로 인도하는 일

이제 두 번째 본문인 마태복음 가장 후반부, 제자들에게로 시선을 돌리고자 한다(마 28:19-20). 이를 일컬어 지상명령(Great Commission)이라 하지만 잘 보면 오히려 중대한 누락(Great Omission)이라 부르고 싶어질 수 있다. 여기서 예수님이 하라고 명하신 일이 거의 시행되지 않고 있기 때문이다.

예수님의 말씀은 다음과 같다. 천지만물에 대한 최종 권한이 내게 주어졌다. 너희는 가면서 제자를 삼으라. 그들을 함께 삼위일체, 곧 성부와 성자와 성령의 임재 안에 잠기게 하라. 그렇다. 그 이름으로 세례를 베풀라. 하지만 사랑하는 친구들이여, 이는 그 이름을 부르며 그들을 물에 적시는 정도가 아니라 삼위일체의 실재 안에 푹 잠기게 한다는 뜻이다. 그러고 나서는 그들을 가르쳐 예수님이 말씀하신 대로 실행하게 하라. 이것이 영성 형성의 과정이며, 결과는 쉬운 멍에를 메는 기쁜 삶이다. 예수님이 말씀하신 대로 행하는 것이 영원을 살고 현재를 살아갈 쉽고도 강건한 길이기 때문이다.

본문을 다시 보라. 가장 먼저 예수님은 "모든 권세를 내게 주셨으니"라고 말씀하신다. 다시 말해, "만물에 대한 최종 권한이 내게 주어졌다"는 뜻이다. 우리는 장비도 없이 보냄을 받은 것이 아니다. 가능한 장비는 다 갖춘 채로 보냄을 받았다. 그래서 우리는 가면서 제자를 삼는다.

내 생각에는 "가면서 제자를 삼으라"가 제일 좋은 번역이다. 제자 삼는 일이 일종의 부산물이라는 뜻이 나타나기 때문이다. 제자 삼는 일과 관련하여 그 점을 이해하는 것이 정말 중요하다. 삶에서 어떤 것은 앞에서 끌어당길 수 있지만 뒤에서 밀어붙여서는 안 되고, 또 어떤 것은 뒤에서 밀어붙일 수 있지만 앞에서 끌어당겨서는 안 된다. 제자 삼는 일은 사람들을 앞에서 끌어당기는 일이다. 우리의 됨됨이와 말을 통해 사람들을 이끄는 일이다.

제자란 그리스도께 온전히 매혹되어 남들이 닮고 싶어 하는 사람이다. 사람들은 하나님 나라에 들어가 있는 제자의 삶을 보며 "내 평생 이보다 더 좋은 것은 보지 못했다. 내게도 저것이 있어야 한다"고 말한다. 미국에서 제자를 삼기에 가장 좋은 곳은 교회다. 교회에는 제자도에 갈급한 사람들이 늘 있기 때문이다. 그들은 정말 그것을 찾고 있다.

그리스도인이라는 정체성을 가진 사람 중 무수히 많은 이가 예수님의 제자가 되라는 권유를 한 번도 받지 못했다. 우리에게는 제자도 전도라는 것이 없는데, 사실 꼭 있어야 한다. 수많은 사람들이 갈 준비가 되어 있고, 이해하고 깨닫고 권유만 받으면 예수님의 제자가 될 사람들이다. 우리는 이런 방식으로 전진해 나가야 한다.

우리부터 제자도를 통과하지 않고는 사람들을 삼위일체의 교제 안으로 불러 모을 수 없다. 삶을 변화시키는 친밀한 관계로 모이려면 하나님과 그리스도와 성령께 헌신하는 것만으로는 부족하기 때문이다.

제자들의 모임인 교회는 사람들을 그리스도의 충만함 가운데로 인도하는 하나님의 이상적 방법이다. "두세 사람이 내 이름으로 모인 곳에는 나도 그들 중에 있느니라"(마 18:20)고 하신 예수님의 말씀을 기억하라. 성부께서도 그 가운데 계신다. 성령께서도 그 가운데 계신다. 예수님의 이름으로 모인 사람이 3-4천 명이어도 그분은 그들 중에 계신다. 간혹 이 구절은 두세 사람이 있을 때만 인용된다. 하지만 깨달아야 할 중요한 것은 그리스도가 그 가운데 계시고, 아버지께서 그 가운데 계시며, 성령께서 그 가운데 계시다는 사실이다. 삼위 하나님이 그 위에 교회를 세우신다.

당신이 제자도를 겪어 왔고 삼위일체의 임재 안에 제자들을 모으고 있다면, 이제 그들에게 예수님의 모든 말씀을 가르칠 입장에 있다. 다시 말하지만, 이것은 밀어붙여서는 안 되고 이끌어야 한다. 사람들에게 그리스도의 가르침에 담긴 선함과 의로움을 보여 주면서 그 속으로 들어오도록 이끌어야 한다.

다른 길은 율법주의로 빠진다. 고금을 막론하고 율법주의는 그리스도를 가장 잘 따르는 사람들의 가장 선한 의도를 계속해서 좌절시켰다. 율법주의는 사람의 삶을 다루지 않고 행동을 다루기 때문이다. 사람이 변하면 수많은 상황을 고칠 수 있다. 하지만 그리스도의 매력으로 이끌지 않고 오히려 밀어붙이기 때문에 사람이 변하지 않는다. 가령, "너는 형제에게 화내서는 안 된다"고 말한다 하자. 그러다 상대가 형제에게 화내면 어찌할 것인가? 머리라도 쥐

어박을 것인가? 아니다. 상황이 분노와 미움을 유발하여 상처와 피해의 악순환을 부를 때 이를 해결하는 더 좋은 길이 있음을 보여 주어야 한다.

제자는 변화의 과정을 겪음으로써 배우는 사람이다. 우리는 포르노, 이혼, 마약 등에 대해 탄식하며 계속해서 왈가왈부하지만, 이 모든 것은 사람의 사고와 심령, 의지, 몸, 사람과의 교제가 변화되어야만 제대로 해결될 수 있다. 변화된 사람들은 "누가 저런 것이 필요하겠어? 나는 그보다 훨씬 좋은 것을 얻었어"라고 말한다.

포르노에 중독된 사람의 정신 상태를 보면, "얼마나 비참한 모습인가"라는 말이 절로 나온다. 알다시피 그 사람은 더 좋은 사고방식을 품을 수 있고, 이로써 포르노라는 강박증은 떨어져 나갈 것이다. 미움과 멸시, 가정과 지역사회와 세상에 가장 심각한 문제들을 야기하는 모든 것도 마찬가지다. 모두 우리의 망가진 내면에서 비롯된다. 그런데 예수님이 오셔서 "여기 벗어날 길이 있다"고 말씀하신다.

하나님 나라를 가져오는 일

목사를 비롯한 다른 모든 그리스도의 대변자가 하는 일은 무엇인가? 사람들에게 하나님 나라의 삶을 가져오는 일이다. 자기 안에 있는 그 삶을 가져오는 일이다. 예수님이 친히 그렇게 말씀하셨고, 그분이 하신 일도 그것이다. 그분은 오셔서 "회개하라, 천국이 가까이 왔느니라"고 말씀하셨다. 무엇이 가까이 왔는가? 그분 안에 있는 하나님 나라였다. 사람들은 그분을 보고 그분의 말씀을 들으면서 하나님 나라가 눈앞에 있어 지금 누릴 수 있음을 깨달았다. 그리고 그것 때문에 예수님의 제자가 되었다.

목사를 비롯하여 그리스도의 대변자는 영원한 삶을 예시하고 주변 모든 일에 그 삶을 접목시킨다. 영원한 삶은 지금 우리에게 있는 삶이다. 우리 삶이 하나님의 삶에 붙들려 있기 때문이다. 영원한 삶은 나중 일이 아니다. 예수님이 하시는 일은 우리가 하는 일의 일부이고, 우리가 하는 일은 그분이 하시는 일의 일부다.

요한복음 17장 3절은 우리가 이해해야 할 가장 중요한 구절 중 하나다. "영생은 곧 유일하신 참 하나님과 그가 보내신 자 예수 그리스도를 아는 것이니이다." 여기서 앎이란 교리적 지식이 아니라 하나님과 그분의 아들과 그분의 영과 나누는 살아 있는 교류다. 서로 교제하시는 삼위일체의 임재가 영원한 삶이다. 결국 이 땅에 임할 것도, 이미 이 땅에 임한 것도 그것이다. 따라서 우리는 영원한 삶을 삶의 일부로 삼을 수 있다. 이를 통해 우리 삶은 하나님의 삶의 일부가 된다. 그렇다면 예수님은 무엇을 전하셨는가? 그분이 전하신 복음은 무엇인가? 그분이 전하신 복음은 천국의 삶, 즉 하나님 나라의 삶을 지금 누릴 수 있다는 것이다.

여기서 나 자신에게 묻는다. 내게는 물론 어쩌면 당신에게도 아주 엄숙한 질문이다. **나의** 복음은 무엇인가? 내가 중심에 둔 메시지는 무엇인가? 그것이 우리 문제의 핵심이자, 약속의 핵심이다. 당신 스스로가 하는 말을 잘 들으며 이렇게 자문해 보라. "나의 메시지는 무엇인가? 나의 메시지는 사람들을 제자도로 이끄는가?"

다시 말하지만, 나는 비난을 하려는 것이 아니다. 그러나 솔직히 말해, 대부분의 사람들은 스스로에게 그런 질문을 하지 않는다. 대신 하나님이 그리스도의 십자가의 죽음을 통해 마련하신 해답을 말한다. 물론 그것도 알아야 할 아주 중요한 것이다. 그렇지만 이렇게 자문해 보라. "그것이 과연 복음인가?"

사람들이 내용을 들을 뿐만 아니라 우리 삶으로 보여 주는 모습을 보면서 이렇게 말하는 것이 진정 복음이 아닐까? "나도 저것을 원해. 예수님의 제자가 되고 싶어. 그분의 학생이 되어, 지금 하나님 나라에서 사는 법을 배우고 싶어. 예수님이 하나님 나라에서 살아가시듯 말이야."

예수님이 전하신 대로. 가르치면서 복음을 삶으로 보여 줄 때, 즉 복음을 지금 누리는 하나님 나라의 삶이라고 제시할 때 사람들은 반응한다. 나는 오랜 세월 그것을 목격했고, 이것이 복음임을 불현듯 깨달은 사람들의 간증을 수없이 들었다. 예수님이 바로 그런 분이다. 그분은 지금 내 삶에 하나님 나라의 삶을 가져오시며, 나를 그 나라의 시민으로 삼으신다. 거기서 끝나지 않는다. 우리는 평생 하나님 나라를 구하며 살기 때문이다. 예수님의 말씀대로 무엇보다 먼저 하나님 나라를 구하라.

다시 나는 스스로에게 물어야 한다. "나는 그렇게 하고 있는가? 그리고 어떻게 그 일을 하고 있는가? 정말 무엇보다 먼저 하나님 나라와 그 나라의 특징인 의를 구하고 있는가?" 우리가 그렇게 하면 제자들이 생겨난다. 그러나 다른 메시지를 전하고 다른 메시지대로 살면, 그런 결과는 기대할 수 없다.

지도자와 목사의 일이 그토록 힘들고 자주 실망으로 점철되는 것도 그 때문이다. 자신의 삶이 텅 비어 있으니, 결국 자멸할 수밖에 없다. 예수님이 주신 메시지를 듣지 않았기 때문이다. 다른 메시지를 듣고 결과를 만들어 내는 것을 자기 본분으로 여기면서, 가장 선한 의도로 그런 삶에 휘말려 들었을 것이다. 하지만 그것이야말로 최악의 자리다.

물론 지도자는 행동해야 하지만, 우리의 본분은 결과를 만들어 내는 것이 아니다. 우리는 하나님 나라에서 살아간다. 그곳에서는 하나님이 활동하시고, 그분의 영이 임재하시며, 그분의 아들이 살아 계신다. 우리는 바로 그곳에 살고 있다. 따라서 결과를 만들어 낸다면 그 결과는 회심자들일 것이고, 계속해서 무언가를 하게 해야 한다. 시작부터 지속하기까지 회심자들은 우리에게 의존해 있기 때문이다. 그리고 무엇보다 살아 있는 하나님 나라와 살아 계신 그리스도께로 연결시켜야 한다. 그래야 그들이 하나님과 일대일로 교류하며 살아갈 수 있고, 자신이 살고 있는 세상을 변화시킬 수 있다.

제자도는 교회를 위한 것이 아니다. 오히려 교회가 제자도를 위해 존재한다. 제자도는 세상을 위한 것이다. 하나님이 세상을 심히 사랑하셨고, 세상을 향해 큰 희망을 품고 계시며, 세상으로 큰일을 이루실 것이다. 거기가 제자도가 속한 곳이다. 제자도를 교회의 일로 축소시키면, 우리 자신과 주변 세상을 변화시키는 제자도의 위력을 결코 볼 수 없다. 그러나 커다란 하나님 나라에서, 교회만 아니라 바깥세상에서, 그리스도의 제자도 안으로 들어가면 제자들이 연합할 수 있는 기초를 발견하기 시작한다.

제자도 안에서 이루는 연합

오늘날 가장 가슴 아픈 일 중 하나는 전통의 차이로 분열되어 우리 안에 서로 교제가 없는 것이다. 목사들도 서로 다르다고 생각하기 때문에 피차 무관심하다. 그러나 제자도에 들어서면, 거기에는 그리스도인을 연합하게 할 유일한 기초가 있다. 그 길을 통해서만 우리는 모든 전통과 교리와 관습과 소유하는 재산과 관할권 등의 문제들을 초월할 수 있다. 그리스도의 목자들로서 우리는 지역사회에서 연합할 수 있고, 제자들을 통해 일상의 세세한 영역 속에 하나님 나라를 가져올 수 있다.

제자도는 복잡하지 않다. 명확히 제시되어 있다. 출발점, 곧 천지만물을 주관하시는 그리스도의 권세에서 시작하여 제자를 삼으면 된다. 루터교인이나 침례교인이나 천주교인이나 개신교인을 만드는 것이 아니다. 침례교인, 루터교인, 천주교인, 그 모든 집단을 제자로 만드는 것이다. 그러면 그들이 연합하여 저마다의 자리에서 그리스도의 몸을 이룰 것이다.

사역자들은 서로를 목양하고 세워 줄 수 있다. 위협받거나 경쟁하지 않고 서로를 알아 갈 수 있다. 지역사회를 두루 다니며, 제자를 삼고, 제자들을 연합시키며, 예수님의 모든 말씀을 가르쳐 지키게 하는 일이 그들의 본분이기 때문이다.

대담
달라스 윌라드와 존 오트버그

존: 그동안 우리는 목회자가 모든 민족의 선생이라는 생각과 그 생각이 얼마나 중요한지 여러 번 대화한 적이 있습니다. 하지만 다른 사람들, 곧 그리스도인이 아닌 사람들—리처드 도킨스(Richard Dawkins)나 대니얼 데닛(Daniel Dennett) 등—의 글을 읽을 때면, 대다수가 알다시피 우리의 논리로는 그들을 당해 낼 수 없음을 깨닫습니다. 우리는 그들보다 똑똑하지 못합니다. 그들의 입장을 논리로 이기지 못할 수도 있다는 것을 알면서, 어떻게 이 지식을 담대히 제시할 수 있습니까?

달라스: 그 상황에서 도움이 되는 것 하나는 그들이 추구하는 의제를 인식하는 것입니다. 그러면 머지않아 그들은 다분히 우리의 말문을 막는 것을 의제로 삼는 것을 깨달을 것입니다. 그들은 우리 문화의 지식 기관들이 내놓는 상징주의를 어떻게 작용시킬지도 알고 있습니다. 그 기관들을 통해 그리스도를 아는 지식을 공식

적으로 지식 영역 외적인 것으로 규정지었지요. 그러나 그들이 주장하는 입장은 예로부터 내려온 인류의 생각과는 거리가 멉니다. 많은 경우, 해당 분야의 학자가 아닌 사람은 역사를 충분히 알아야 그 사실을 인식할 수 있지만요. 그러나 믿음과 지식이 별개라는 생각에 익숙해진 것은 불과 최근의 일입니다.

리처드 도킨스를 궁지에 몰아넣어 말문을 막을 수 있는 그리스도인들은 얼마든지 있습니다. 하지만 그러면 싸움으로 번지겠지요. 각별히 주의하지 않으면 그를 경멸하게 됩니다. 그가 가장 귀 기울여야 할 것은 인간 안에 있는 사랑의 위력과 진리의 삶입니다. 아울러 자신이 내세우는 지식을 보면서, 대다수 인간에게 정말 중요한 문제에 관한 한 그 지식이 얼마나 협소한지 깨달아야 합니다. 세속의 지식은 세속을 살아가는 사람들의 삶을 다루기에 충분하지 않습니다. 여기에서 그 관점―그리스도를 아는 지식을 주변부로 밀어내며 그것은 지식도 아니라고 말하는 관점―은 한계를 드러냅니다.

이제, 이를 위해 우리가 지역사회 차원에서 노력해야 합니다. 예컨대, 현재 당신이 살고 있는 지역사회에는 스탠퍼드 대학교가 있습니다. 양쪽의 교류를 주선할 수 있는 장(場)인 것입니다. 스탠퍼드의 일부 비신자를 초청하여 일부 교인의 이야기를 듣고 대화할 기회를 주면 좋겠지요. 대화를 통해서만 부실한 부분이 드러나기 때문입니다. 지금까지는 대화가 단절되어 있었습니다. 우리는 나서서 대화를 주도할 사람들—작가와 교사와 강사와 모든 부류의 사람들—이 필요합니다.

존: 하나님의 존재를 증명하거나 뭐 그런 것이 근본적 이슈가 아니라는 말씀이시군요. 논의되는 내용이 삶의 기초로 충분한가, 그것이 관건이군요.

달라스: 그것도 중대한 이슈입니다. 하나님의 존재를 증명하는 일은 무척 중요하다고 봅니다. 우리가 그 문제를 나름대로 논했다 해도, 학생들의 마음속에서 얄팍하고 비논리적인 비판에도 그 증명이 금새 무너지기 때문입니다. 그중에는 그리스도인도 많습니다. 그 후 그들이 졸업하고 신학교에 가는 경우도 비일비재한데, 무엇을 사역의 기초로 삼겠습니까? 전통입니까? 지식이 사라진 자리는 전통이 대체합니다. 예수님은 마태복음 15장에서 그 문제를 거듭 말씀하셨지요. 우리는 하나님의 계명이 있어야 할 자리에 인간의 전통을 둡니다. 어차피 하나님의 계명이 지식을 형성하지 않는다면 다른 것이 그 자리를 대체하지 못할 이유도 없지 않습니까? 인간의 삶은 그런 식입니다.

존: 당신이 쓰신 책 『그리스도를 아는 지식』에 "모든 민족의 선생으로서의 목회자"라는 장 제목이 나오는데, 당돌한 말로 들린다고 할 사람들도 있습니다. 이에 관한 질문을 받고 당신은 망설임 없이 "지당한 말입니다. 예수님은 역사상 가장 당돌한 사람입니다"라고 답했지요. 교회의 일원으로서 오늘날의 세상을 향해 말하려

면 반드시 당돌해져야 한다고 했는데, 어떤 의미인지 우리 모두에게 간략히 설명해 주십시오.

달라스: 굉장히 중요한 점입니다. 알다시피 예수님이 사람들에게 끼친 영향은 서기관과 바리새인과는 달랐습니다. 그분이 권위 있는 분으로서 말씀하셨기 때문이며, 사람들도 그것을 알아보았습니다. 서기관과 바리새인은 각주를 찾아보거나 어떤 랍비가 무슨 주제에 대해 어떻게 말했는지 알아내야 했지요. 그들이 알지도 못하면서 말한다는 것을 청중들도 알았습니다. 서기관과 바리새인은 남을 들먹여서 권위를 내세웠지만 예수님은 삶의 실재에 대해 말씀하셨습니다.

놀랍게도 예수님은 실재를 언급하시며 사람들이 그것을 다르게 이해하도록 깨우쳐 주시는 능력이 있었습니다. 그분이 하신 말씀의 논리를 찬찬히 살펴보기 바랍니다. 대개 종교 생활의 주관자로 자처하던 사람들의 굳어진 전통을 초월하셨습니다. 종교 생활을 가늠하는 기준은 삶입니다. 예수님의 종교 생활은 삶으로 나타났습니다. 그래서 아이들을 가리키시며 하나님 나라에 들어가려면 우리도 어린아이처럼 나아와야 한다고 말씀하십니다.

세상에서 예수님 다음으로 가장 당돌한 사람은 어린아이거든요. 당신도 알다시피 어린아이는 그저 따릅니다. 요지는 예수님의 말씀을 들었으면 그대로 하라는 것입니다. 이론을 세우지 마십시오. 그저 예수님이 말씀하시는 대로 하십시오. 그러면 실재가 당신을 가르칠 것입니다. 권위는 결국 거기서 나옵니다. 따라서 세속주의자와 그리스도의 대변자를 가늠하는 기준은 그들이 사람들 앞에 내놓는 실재입니다.

가까운 과거에 이를 가장 잘 예시한 사람은 단연 C. S. 루이스(Lewis)입니다. 그는 권위를 내세우지 않고 그저 사안에 대해 말하고 볼 수 있도록 도와줍니다. 그동안 허다한 무리가 그의 말을 실천에 옮겼고 그것이 진실임을 확인했습니다. 이것이 그리스도의 대변자가 지닌 궁극적 호소력입니다.

존: 그와 관련해, 지식과 지식의 본질에 대한 질문이 있습니다. 내가 옳다는 확신과 지식을 어떻게 구별합니까?

달라스: 이렇게 시작해 보십시오. 확신했으나 결국 틀렸던 적이 누구나 있습니다. 확신이란 누구나 만들어 낼 수 있는 심리 상태입니다. 종교 단체에서 많이 볼 수 있지요. 확신을 만들어 내려 하지만 치명적인 과오입니다. 반면, 지식을 전달하면 사람들은 시험해 보고 실제로 그것이 참인 것을 확인할 수 있습니다.

존: "확신을 만들어 낸다"는 말이 무슨 뜻입니까? 실제보다 더 확신을 느끼려고 억지를 부린다는 뜻입니까?

달라스: 바로 그겁니다. 이를테면, 치어리더인 셈이지요. 우리 팀이 4백 점이나 뒤진 상황에서 시간이 3분밖에 남지 않았는데도 우리가 이긴다고 우기는 겁니다. 잘 보면, 실제로 그렇게 믿는다는 것을 알 수 있습니다. 이런 확신은 주변에서 옮겨 붙습니다. 신념도

마찬가지입니다. 옷감에 보푸라기가 일듯이 신념도 우리에게 들러붙지요. 어린아이들도 신념을 주워듣습니다. 따라서 신념을 정련하여 지식으로 전환시키는 과정을 거쳐야 합니다. 그렇게 할 수 있는 장을 마련해 주는 것이 신자 공동체가 해야 할 역할입니다.

존: 교리에 관해 말씀하셨듯이 자칫 우리는 예수님의 제자가 되는 것이 아니라 사람들에게 올바른 특정 교리에 동의하라고 주장하기 쉽습니다. 그렇다면 제자에게 교리의 올바른 역할은 무엇입니까?

달라스: 교리가 제 역할을 하려면, 사람들의 이해를 도울 목적으로 투명하게 가르쳐야 합니다. 옳은 견해를 주입시킬 목적으로 하면 안 됩니다. 옳은 견해를 품는 것은 우리가 할 일이 아니라, 사람들 스스로 할 일이며 성령과 실재의 소관입니다. 교리가 믿어지든 말든 무조건 믿어야 한다는 식으로 가르치는 것이 문제입니다. 그것은 효과가 없습니다. 그래서 젊은이들이 계속해서 교회를 떠나는 것입니다. 하지만 예수님은 달랐습니다. 결코 그런 식으로 하지 않으십니다. 예수님보다 더 좋은 길을 발견한다면, 누구보다도 그분이 먼저 우리에게 그 길로 가라고 하실 것입니다.

존: 한 번 더 말씀해 주시겠습니까? 교회에서는 그런 말을 자주 들어보지 못했거든요.

달라스: 예수님은 진리의 사람이셨습니다. 성령은 올바른 교리의 영이 아니라 진리의 영이십니다. 내 말은 젊은이들에게 단지 이렇

게 말해야 한다는 뜻입니다. "예수를 따르십시오. 그러나 그분보다 더 좋은 길을 찾는다면, 누구보다도 그분이 먼저 당신에게 그 길로 가라고 하실 것입니다."

존: 위험하지 않을까요?

달라스: 그렇게 하지 않는 것이 위험하지요. 그러면 결국 말로는 믿는다면서 실제로는 믿지 않는 사람들만 남습니다. 이사야와 예수님이 지적하셨듯이 말은 예수님과 가깝지만 마음은 먼 사람들만 남습니다. 우리의 말은 정답을 따르지만 마음은 진리를 따르는 법입니다.

존: 다시 한 번 말씀해 주시겠습니까?

달라스: 입으로만 하는 말은 주변에 동조하는 행위입니다. 마침 그 내용이 옳다면 좋은 일이겠지요. 하지만 옳다고 생각하는 것을 당신과 의견이 다른 사람에게 물어보십시오.

존: 말은 정답을 따르지만 마음은 진리를 따른다는 거군요.

달라스: 그렇습니다. 제가 한 말이 아니라 예수님의 가르침입니다. 마태복음 15장을 보십시오. "이 백성이 입술로는 나를 공경하되 마음은 내게서 멀도다"(마 15:8). 그리스도의 대변자로서 우리의 목표는 마음입니다. 우리가 얻으려는 것은 리처드 도킨스의 마음입니다. 이 모든 사람의 마음입니다. 그런데 가장 극복하기 힘든 문제 중 하나는 사람들이 마음에 무관심할 때가 너무 많았다는 것입니다.

존: 무조건 논쟁에서 이기려고만 하지요.

달라스: 바로 그겁니다. 무슨 수를 써서라도 논쟁에서 이기고야 말 겠다는 감정이 있어요. 논쟁에 이기려면 무엇이 필요합니까? 상대의 말문이 막혀야 합니다. 리처드 같은 사람들과 반대편 사람들 사이의 학내 변론이나 다양한 공개 토론을 지켜보면, 알다시피 누구의 말문이 막히느냐가 관건입니다. 말문이 막히는 사람이 패자입니다. 권투 시합과 비슷하지요. 그래서 그리스도를 따르는 우리는 리처드 도킨스의 말을 듣는 법을 배워야 합니다.

존: 간혹 비신자들에게 변론해 달라는 부탁도 받으실 텐데, 그런 일도 하십니까? 어떻게 반응하십니까?

달라스: 지난 세월 그런 부탁을 받을 때마다 내 대답은 늘 똑같았습니다. 상대와 함께 공동으로 탐구하는 일이라면 즐거이 임하겠지만 변론은 사양하겠다고 말이지요. 함께 진리를 구하는 겁니다. 그러면 상황이 달라지거든요. 리처드 같은 사람—여러모로 그는 나쁜 사람이 아니라 경험을 통해 그렇게 빚어진 것이지요—을 위해 우선적으로 해야 할 일이 있기 때문입니다. 그들에게 차례를 넘기며 "결국 진리가 무엇입니까?"라고 물으면, 얼마 못 가서 자신이 그 말을 알아듣지 못한다는 것을 깨닫습니다. 그들은 자신의 전문 분야에는 뛰어납니다. 물론 그것도 중요하지요. 전문 분야는 중요합니다.

19세기 말, 전문화가 교육 기관들을 장악했습니다. 하지만 전문화는 삶의 기본 질문들에는 답하지 못했습니다. 그 이전까지만 해도 교육의 근본적 역할은 그런 질문에 답하는 것이었지요. 불행히도 그 답은 대개 충실하지 못했고, 사람들은 "그런 문제라면 논의조차 하지 않겠다"고 하는 지경에 이르렀습니다.

남캘리포니아 대학교와 기타 공공장소에서 내가 자주 하는 질문이 있습니다. "그동안 실재가 세속적임을 증명한 사람이 있습니까? 누가 어디서 그랬는지 내게 알려 줄 수 있습니까? 그것이 증명된 적이 없다면 이곳을 세속의 대학으로 공표하는 데 약간 문제가 있지 않습니까?" 물론 세속의 대학이라는 말에는 행정적 의미도 있지만, 대다수 사람들은 그런 뜻으로 받아들이지 않습니다. 그 말은 지식에서 하나님을 배제한다는 뜻입니다. 하나님이 존재하신다면, 그것은 심각한 누락일 수 있습니다. 게다가 기초가 없어 학문 분야가 얼마나 제한되어 있는지 보면, 이것이 심각한 지성적 과업임을 깨달을 것입니다.

기독교 전통에서는 모든 학문 분야의 기초를 언제나 하나님께 두었습니다. 누구든지 이 문제에 정말 관심이 있는 사람은 최고의 모범인 성 토마스 아퀴나스(Thomas Aquinas)—『신학대전』(*Summa Theologica*, 바오로딸)과 『대이교도대전』(*Summa contra Gentiles*, 분도출판사)—부터 시작하고, 그가 한 일을 잘 보아야 합니다. 그런데 알고 보면 그는 모두가 당연시하던 일을 행했을 뿐입니다. 하지만 오늘날에는 기초가 없습니다. 궁극적으로 오늘날 학문 분야를 지배하는 것은 최고 전문가의 견해에 실린 사회적 압력이며, 그것은 늘 변하기 마련입니다.

존: 당신은 제자도가 복잡하지 않다고 말씀하셨지만, 사람들은 삶의 의미와 하나님의 의미를 찾기가 한없이 복잡하다고 말할 것입니다. 이 간극을 어떻게 설명하시겠습니까?

달라스: 역사와 성경과 경험을 통해 하나님이 주시는 진리를 따라 실제로 살고 가르치는—하나님, 부디 그리하게 하소서—목사와 대변자의 지도하에 믿는 이들의 공동체 안에서 제자도를 실천하면, 삶은 의미를 띠기 시작합니다. 많은 그리스도인—신앙을 고백하는 그리스도인, 아마도 진지한 그리스도인—이 삶의 의미를 모르는 이유는 아직 자신을 모르기 때문입니다. 그래서 지금의 자리에 머무는 것입니다. 따라서 그들에게는 의미를 깨우쳐 줄 가르침이 필요합니다.

그리스도의 대변자인 우리가 활동한 결과가 그래야 합니다. 대다수 그리스도인에게 친숙한 C. S. 루이스를 다시 예로 들겠습니다. 그는 이전에 사람들이 의미를 전혀 몰랐던 것들에 대해 의미를 밝혀 줍니다. 그가 쓴 글을 조금만 읽으면 사람들은 "아, 이제 알겠다"고 말합니다. 우리가 세상을 두루 다니며 그리스도의 진리로 사람들을 이끌어 제자 삼을 때, 이런 깨달음의 순간이 그리스도를 따르는 우리에게 끊임없이 지속되어야 합니다.

존: 이렇게 말하는 사람들이 있습니다. "나는 하나님을 믿고, 또한

믿고 싶습니다. 그렇지만 때로 회의가 듭니다. 그리스도를 따르고 싶지만 때로 실패합니다. 더 확신에 차 있고 싶은데 부족합니다." 이런 사람들도 자신이 그리스도를 안다고 당당하게 또는 솔직하게 말할 수 있는 겁니까? 그분을 안다고 말할 수 있으려면, 그들의 삶에서 그리고 삶과 생각 속에서 무엇이 참이어야 합니까?

달라스: 그분의 말씀을 실천에 옮겨 그것이 참임을 확인하면 됩니다.

존: 그리스도를 알면서도 자신이 그분을 안다는 것을 모를 수도 있습니까?

달라스: 물론입니다. 많은 사람들이 무언가를 알면서도 자기가 안다는 사실은 모릅니다. 그것이 지식의 속성입니다. 예컨대 아이들이나 여러 부류의 순박한 사람들은 지식이 무엇인지조차 모릅니다. 그러나 우리 삶은 지식으로 가득 차 있지요. 사고와 경험의 적절한 기초에 입각하여 무언가를 있는 그대로 다룰 수 있을 때 그것을 아는 것입니다.

존: 한 번 더 말씀해 주십시오. 사고와 경험의…

달라스: 사고와 경험의 적절한 기초에 입각하여 무언가를 있는 그대로 다룰 수 있을 때 우리는 그것을 아는 것입니다. 사실 우리의 삶은 지식으로 가득합니다. 지식이란 신비하거나 진기한 것이 아닙니다. 지식은 아주 흔하고, 어디에나 있습니다. 그런데 대학 교수들은 자신이 아무것도 모른다고 말하도록 훈련받았습니다. 나는 그런 학교에 가서 학생들에게 이렇게 말하기를 좋아합니다. "글

쎄요, 여러분의 교수가 아무것도 모른다면 여러분의 리포트에 점수는 어떻게 매깁니까?"

이런 모른다는 주장은 무책임한 장난입니다. 자신은 불가지론자이니 책임이 없다 그 말이지요. 하지만 알다시피 우리는 정말 중요한 문제에 대해서는 절대 그렇게 말하지 않습니다. 공항에서 누가 내 탑승구가 어딘지 묻는다면 나는 절대로 "글쎄요, 모릅니다. 사실 제가 불가지론자이거든요"라고 말하지 않습니다. 중요한 문제에는 다 마찬가지입니다. 지식이 그만큼 중요하기 때문입니다. 무언가를 안다면 그것을 있는 그대로 다룰 수 있고, 사람들과 그것에 대해 소통할 수 있습니다.

그러므로 이론이든 실제든 모든 직업은 지식을 중심으로 이루어집니다. 전기 기술자가 아무것도 모른다고 생각해 보십시오. 인류가 전기를 알게 된 것은 근래에 와서인데, 하나님 아래 있는 인간의 진보란 본래 그런 것입니다. 점점 더 많이 알게 되는 것이지요. 그런데 인류는 하나님을 아는 지식을 거부하며 그분을 거스릅니다. 물론 원죄의 유혹에도 그런 부분이 있지 않습니까? "하나님이 참으로…먹지 말라 하시더냐." 어쨌든 그것이 삶의 실상입니다. 그래서 우리는 배움의 기회를 반겨야 합니다.

좀 안다고 교만하고 건방지게 구는 것은 금물입니다. 겸손히 배워야 합니다. 무조건 주장하기보다 질문을 던져야 합니다. 그렇게 할 때, 자신과 남에게 다 도움이 됩니다. 우리가 젊은이들에게 할 수 있는 가장 중요한 일은 질문하는 법을 가르치는 것입니다.

존: 그런데 교회의 대다수 사람들은 젊은이들에게 정답을 주는 것이 가장 중요한 일이라고 생각하는 것 같습니다.

달라스: 정말 우리는 그렇게 생각하지요. 하지만 잘못된 일입니다. 전통을 제대로 받아들이는 것을 매우 중시하여 젊은이들에게 전통을 강요합니다. 그렇지 않으면 그들이 지옥에 갈지도 모른다는 거지요. 물론 이것은 중대한 이슈입니다. 하지만 그저 머리로 올바른 내용을 시인했음을 하나님께 검사받고 확인받는 것만이 능사가 아닙니다. 성품이 최악인 사람도 천국에 갈 수 있다는 말이 그래서 나오는 겁니다. 오늘날 설교에서 흔히 볼 수 있는 구원관이지요. 지적으로 동의하기만 하면 하나님이 그 마법의 순간을 눈여겨보시고 컴퓨터에 입력하신다는 거지요. 어떤 단체는 지적인 동의가 되풀이되어야 한다고 말하고, 다른 어떤 단체는 죽기 직전에 다시 필요하다고 말합니다.

존: 이와 관련해 계속해서 몇 가지 질문을 드리고자 합니다. 우선, 당신은 하나님 나라의 삶을 지금 누릴 수 있다는 단순한 복음을 제시하시는데, 그 속에 "죄 사함"이라는 말이 들어 있지 않습니다. 그렇다면 복음에서 죄 사함의 자리는 어디입니까? 복음을 제시하는 다른 방식들에 비해 죄 사함을 덜 중요시하는 겁니까?

달라스: 그렇지 않습니다. 죄 사함은 필수이며 그것 없이는 하나님 나라에 들어가지 못합니다. 아브라함 이야기를 보십시오. 그가 하

나님을 믿었더니 이는 의로 여겨졌습니다. 예수님과 그 나라에 중점을 두면 죄의 모든 것이 다루어집니다. 사람들이 예수님께 가장 격분했던 이유 중 하나가 그분이 죄 사함을 쉬운 일로 말씀하셨기 때문입니다. 내가 이렇게 말한다고 해서 오해하지 않기를 바랍니다. 우리의 죄를 사하면, 하나님의 마음에 있는 짐이 덜어집니다. 그분은 죄 사하는 것을 즐거워하십니다.

존: 이런 말을 듣기는 처음입니다. 크게 달라지는 것은 없지만요.

달라스: 하나님이 늘 화가 나 있다는 것, 그것은 전통에서 온 이미지의 일부입니다. 사람들은 말로는 하나님이 늘 선하신 분이라고 합니다. 그러나 속으로 생각하는 하나님은 늘 화가 나 있습니다.

존: 하나님은 늘 화가 나 있군요. 늘 진노하는 하나님이군요.

달라스: 심지어 심한 진노입니다. 하지만 하나님은 결코 그런 분이 아닙니다. 하나님이 나를 사랑하시는 것은 기적이 아닙니다. 그분이 나를 사랑하지 않으신다면 그것이 기적이지요. 그분은 사랑이시기 때문입니다. 그것이 하나님의 기본 속성입니다. 선을 행하려는 의지이지요.

존: 다음 질문도 그것과 연관되는데 말로 표현하기가 어렵습니다. 하나님이 한없이 선하시다는 당신의 말은 여기 많은 사람에게 큰 감동을 줍니다. 하나님에 대해 당연히 믿어야 한다고 생각하는 부분이 있기 때문이지요. 우리가 바라는 세상의 모습도 있고요. 나 역시도 **하나님은 내가 바라던 세상의 가장 선한 모습보다 더**

선하신 분이라고 생각하게 되니까요.

이제, 예를 들어 당신이 하나님 나라를 구하자고 말할 때, 당신의 생각 속에는 그것이 존재한다는 것을 알겠습니다. 하지만 우리 대다수는 "하나님 나라를 구한다"와 같은 말을 들어도 너무 교회적이고 피상적이고 지독히 종교적인 것이 되어서, 이해가 잘 안 됩니다. '제자'라든가 기타 많은 말도 마찬가지고요. 수많은 사람이 이런 덫에 갇혀 있는데, 그것을 어떻게 깨뜨리시겠습니까? 우리도 하나님을 사랑하고 싶지만 방법을 모르겠습니다.

달라스: 그것이 선물이라는 점을 지적해야 하지만, 우리 쪽에서 움직이려는 의지도 있어야 합니다. 많은 사람이 무서운 하나님의 이미지에 찌들어 있어 "하나님 나라를 먼저 구하라"는 말을 "똑바로 하지 않으면 내가 너를 벌하겠다"는 뜻으로 읽습니다. 하나님은 선이 넘쳐흐르는 분이신데, 우리는 과거의 그런 교훈을 죄다 놓칩니다. 그러고는 자꾸만 인간적으로, 하나님이 악독하지 않고는 세상을 관리하실 수 없다고 생각합니다. 악독해야만 일 처리가 가능하다는 거지요. 우리가 품고 있는 하나님의 이미지가 그러합니다. 이 문제에는 적어도 간단한 답 하나가 있습니다. 이제부터라도 예수님의 말씀을 실천하는 것입니다. 간단한 문제부터 일단 실천해 보십시오. 당신이 옳다 여기는 것은 실제로도 옳게, 아니라고 여기는 것은 실제로도 아닌 것이 되도록 말입니다.

예수님의 모든 가르침마다, 우리는 과정을 지나야 합니다. 그래서 제자도가 그토록 중요한 것입니다. 배우는 과정, 즉 옳다고 여기는 것과 그르다고 여기는 것이 실제로도 그렇게 되도록 하는 과정이지요. 예수님은 이것을 넘어서는 것은 다 악으로부터 난다고 말씀하셨습니다. 복음주의 번역자들은 "악한 자로부터"라는 표현을 고집하지요. 하지만 이것은 우리 마음속에 있는 악입니다. 그렇지요? 자신에게 물어보십시오. '나는 왜 이건 이렇고 저건 저렇다고 말하지 못하는 것일까? 왜 끝없이 온갖 재주를 부려 옳은 것을 그른 것으로, 그른 것을 옳은 것으로 둔갑시킬까?' 사람들을 조종하려는 우리의 의지 때문입니다. 바로 그 악으로부터 이런 거짓이 나옵니다. 사람들을 조종하지 않으면서 옳고 그름을 있는 그대로 알릴 의지만 있다면, 그냥 "이건 이렇다", "저건 아니다"라고 말할 수 있는데 말이지요.

존: 제자도에 대해 하나 더 묻겠습니다. 제자가 주로 하는 일이 예수님께 삶의 방식을 배워 실천하는 것이라면, 많은 사람이 이 질문으로 씨름할 것입니다. 그리스도인을 "올바른 교리를 시인하고 올바른 경험을 했으므로 천국의 문제가 해결된 존재"로 본다면, 적어도 정말 명쾌한 결단처럼 느껴집니다. 반대로 행위의 의로 하나님을 만족시키려고 애쓸 수도 있는데, 나는 그것을 거부하고 믿음으로 말미암아 은혜로 용서와 구원을 받습니다. 이 또한 명쾌하게 느껴집니다.

예수님이 이 땅에 사시던 때에는 아주 분명해 보였습니다. 그분이 걸어 다니셨기 때문입니다. 따라서 우리도 물리적으로 그분과 함께 걸어 다니거나 그렇지 않거나 둘 중 하나였을 겁니다. 사도행전 2장의 교회 공동체도 다른 공동체와는 근본적으로 달라서, '그렇다. 나는 제자다. 절대 상종하지도 않았을 사람들과 이렇게 함께 살고 있으니 말이다'라고 하면서 깨닫게 하는 가시적 증거가 있었습니다. 하지만 우리 사회처럼 도처에 교회가 널려 있는 사회는 기독교적이면서도 기독교적이지 않습니다. 제자란 예수님의 말씀대로 행하려고 애쓰는 사람이라고 해도, 왠지 막연하게 느껴집니다. 한 시간에 한 번 꼴로 실천하면 제자의 자격이 있는 겁니까? 5분마다 실천하면요?

달라스: 우리는 예수님의 말씀대로 행하는 법을 힘써 배우고 있습니다. 그 방법을 배우려고 애쓰지요. 나는 한 주에 적어도 몇 번씩 자문합니다. '오늘 나는 제자인가?' 제자라면 그분께 배우고 있겠지요. 나는 그분의 학생이니까요.

존: 그러면 오늘은 제자가 아니라고 대답할 때도 있습니까?

달라스: 네, 내가 단 하나도 배우지 않았고 배우려고 애쓰지도 않았음을 깨달을 때가 있습니다.

존: "아니, 내 운명은 이제 영원히 위험에 처하지 않는다." 이런 말을 해도 괜찮은 걸까요?

달라스: 네, 괜찮습니다. 하나님은 우리를 감시하는 분이 아닙니다. 하나님이 왜 동산에 계시지 않고 사람들을 찾아다니셨는지 자문

해 보십시오. 사실 창세기 첫 부분을 읽어 보면 하나님은 꽤 말씀을 많이 하십니다. 그렇지 않습니까? "저런, 가인에게 문제가 있구나. 내가 가서 말해야겠다." 이런 식으로요. 그래서 그에게 조금씩 교훈을 주십니다. 그를 돕지 않으시는 것 같지만 곁에 계십니다. 언젠가 나는 강단에서 제임스 브라이언 스미스(James Bryan Smith)에게 이렇게 물은 적이 있습니다. "잘못을 저지른 우리를 하나님이 빠져나가게 두실 때가 있을까요?" 답은 모든 잘못에 대해 그렇다는 것입니다. 은혜의 삶인 것이지요.

주저 없이 그렇게 말할 수 있습니다. 어떤 면에서 그것이 우리가 늘 찾던 삶이니까요. 아니요, 아닙니다. 이것은 우리가 **찾는** 게 아니라 **배우는** 것입니다. 우리의 목표는 처벌을 면하는 것이 아닙니다. 오히려 하나님은 아들 예수님을 충만하게 닮아 가도록 우리를 삶으로 인도하십니다. 이를 위해 우리에게 생명을 주십니다. 생명을 주신다는 말은 우리에게 선택권이 있고, 선택이 중요하다는 뜻입니다. 우리의 선택이 늘 옳아야 하는 것은 아닙니다. 하나님은 점수를 매기고 계신 분이 아니니까요. 많은 사람이 이 말에 충격을 받지만 사실입니다. 그분은 그런 데 관심이 없으십니다. 그분의 관심은 우리가 어떤 사람이 되어 가는가에 있습니다. 그리스도를 더욱 닮아 갈수록 점수를 따질 일이 전혀 없어진다는 것을 그분은 아십니다. 선한 일도 셈하시지 않으니까요. 대개 사람들은 그분이 악한 일을 적어 두신다고 생각하는데, 그것은 끔찍한 하나님관입니다.

존: 그렇다면 심판에 관한 하나님의 언급은 어떤 의미인가요?

달라스: 물론 그분은 만물의 최종 운명을 다루셔야 하며, 이는 그야말로 사실의 선포가 될 것입니다. 어떤 합리화나 해명도 통하지 않을 것입니다. 그것을 보며 우리는 "사실이다. 저게 나였다. 내가 저랬다"고 말할 것입니다.

그 내용에 따라 천국행이나 지옥행이 정해진다는 문제를 다루는 것이 아닙니다. 그것도 중요하긴 합니다. 중요하지 않다고 말할 뜻은 없습니다. 그러나 제 생각에 천국에 있지 못할 사람들은 천국에 있기를 싫어하는 사람들입니다. 생각해 보면 하나님을 정말 좋아하지 않는 사람은 천국에 있기도 싫어할 테니까요.

존: 그렇다면 교회는 선교사를 파송해야 합니까?

달라스: 그야 당연하지요.

존: 왜 그렇습니까?

달라스: 사람들에게 그리스도를 알리기 위해서입니다. 이것이야말로 가장 중요한 지식입니다. 얼마 전 우리가 캘리포니아 클레어몬트 대학에 갔던 날 밤, 나는 미국 대학 제도의 초석 하나를 보았습니다. 무엇이었을까요? "하나님이 세상을 이처럼 사랑하사 독생자를 주셨으니"입니다. 하버드가 설립되던 1636년부터 이번 세기에 들어서기까지 미국 교육 제도의 초석이 되었지요. 진리로, 지식으로, 그리고 아직 모른다면 공부해서 알 수 있는 주제로 받아

들여졌습니다. 세상을 그토록 사랑하시는 하나님을 아는 것보다 더 중요한 일이 무엇이겠습니까?

그러니 선교사를 보내야 합니다. 사람들은 대개 그 사랑을 모릅니다. 미국에도 모르는 사람들이 있으니 그들도 들어야 합니다. 그래서 국내에서도 제자를 삼아야 합니다. 나는 지상명령이 해외 선교에 국한된 것이 아님을 깨닫는 데 얼마나 오래 걸렸는지 모릅니다. 내가 속한 교계에서는 늘 해외 선교를 뜻했으니까요.

존: 그럼, 다른 나라로 가는 것은요?

달라스: 다른 나라도 가야합니다. 물론 국내에서도 아주 잘하고 있다는 이유에서지요.

존: 달라스, 하나만 더 묻겠습니다. 당신의 책을 보면 예수님의 멍에가 쉬운 멍에라는 말이 많이 나오는데, 목회자들과 대화해 보면 압박감에 시달리고 있다는 생각이 짙어집니다.

달라스: 두말할 것도 없지요.

존: 교회가 잘되어야 한다는 압박감, 자신이 잘해야 한다는 압박감이지요. 게다가 목회자가 아닌 사람들도 자신이 올바른 그리스도인이 되어야 한다는 압박감을 느낍니다. 이런 목회자와 평신도들을 위해 쉬운 멍에에 대해 말씀해 주시겠습니까?

달라스: 네, 물론입니다. 쉬운 멍에란 당신의 일과 나의 일을 내려놓고 하나님의 일을 맡아 하는 것입니다. 다시 말해, 쉬운 멍에를 메려면 당신의 일이나 나의 일을 내려놓아야 합니다. 그것이 우리

를 짓누르거든요. 그로 인해, 지도자들은 견딜 수 없는 중압감에 시달립니다. 자신의 일을 짊어지고 있으니까요. 하나님의 일을 가져다가 자신의 일로 만든 것입니다.

존: "나의 일을 내려놓아야 한다"고 하셨는데, 예를 들어 작가가 되는 게 꿈인 젊은이가 그런 꿈을 꾸지 말아야 한다는 뜻은 아니겠지요? 혹시 그런 뜻인가요?

달라스: 작가가 되려고 자신을 들볶아서는 안 된다는 뜻이지요. 작가가 되고 싶거든 글을 쓰면 됩니다.

존: 하지만 결과는 내려놓으라 그거군요? 압박감은 짊어지지 말라 그거군요?

달라스: 물론입니다. 바로 그겁니다. 볼링하는 사람을 보십시오. 공을 손에서 놓으면 공이 굴러가지요. 그때 서서 감탄사만 연발합니다. 오래전 목회를 몇 년 해 봐서 압니다만, 결과를 만들어 내려는 것은 큰 유혹입니다. 그 결과가 **무엇이든지** 말입니다. 그럴 때는 자신의 멍에를 벗고 예수님의 멍에 아래로 들어가 그분께 짐을 맡겨야 합니다. 자녀를 기를 때도 그렇고 글쓰기나 다른 모든 것도 마찬가지입니다. 꼭 내가 성과를 내야 할 것처럼 느껴지지만, 바로 그것을 내려놓아야 합니다. 우리가 할 일은 결과를 만들어 내는 것이 아니라 손에서 놓는 것입니다. 주님을 위해 무엇을 하든 성취는 그분께 맡겨야 합니다. 최선을 다하되 우리의 최선을 신뢰해서는 안 됩니다.

자신의 최선을 신뢰하기 시작하면 더 열심히 하는 게 해답처럼 보이는데, 그것은 결코 해답이 아니며 그리스도를 섬기는 지도자들의 경우는 특히 더 그렇습니다. 더 열심히 해야 될 것 같은 사람을 나는 거의 본 적이 없고 기억도 나지 않습니다. 오히려 너무들 열심히 해서 탈이지요. 최선을 다했으면 나머지는 하나님께 맡겨야 합니다.

곧 그것이 고금의 경건한 사람들과 성경이 주는 일관된 가르침입니다. 추앙받는 위인들의 글을 읽어 보면 어느 전통을 불문하고 하나님께 맡기는 모습을 볼 수 있습니다. 캘커타의 테레사 수녀(Mother Teresa)가 탁월한 예입니다. 방식이 아주 다르고 마음가짐도 다르지요. 훌륭한 인물인 아빌라의 테레사(Teresa of Ávila)도 마찬가지입니다. 그들은 다 하나님께 의탁하는 법을 배웠습니다.

2 삶의 변화에 대한 전문가는 누구인가?

존 오트버그

아버지여, 우리는 이곳에 주님과 함께 있으며
주님께서 우리 가운데 계심을 기억합니다.
주님은 우리를 사랑하시며 우리가 온전히 치유되기를 바라십니다.
이 일을 조금도 우리의 힘으로 하지 않겠습니다.
이 우주는 우리가 살기에 더없이 안전한 곳이며,
주님은 우리가 호흡하는 공기보다 더 가까이 계십니다.
그러므로 구하오니 지금 역사하셔서 우리를 도와주소서.
우리에게 활력과 열린 마음과 힘을 주소서.
예수님의 이름으로 함께 기도합니다. 아멘.

—존 오트버그

달라스가 가르치던 어느 수업이 끝나 갈 무렵, 한 학생이 거만하게 굴며 적대감을 보였다. 손을 들고 달라스의 말에 이의를 제기했는데, 태도가 불손하고 나빴다.

그 수업에 있던 다른 학생은 달라스가 그를 묵사발 내기를 기다렸다. 그리고 얼마든지 가능한 일이기도 했다. 가끔 나는 달라스가 나를 존재하지 않는 사람으로 증명할까 두려워 절대로 그와 논쟁을 벌이지 않는다는 우스갯소리를 한다. 어쨌든 그 학생은 달라스가 반격하기를 기다렸다. 그런데 달라스는 이렇게 말했다. "이대로 수업을 마치는 게 좋겠습니다. 일단 여기서 멈추고 다음 시간에 계속합시다."

또 다른 학생이 물었다. "왜 그러셨습니까? 그 학생을 엄히 꾸짖으실 수도 있었는데 말이죠. 왜 혼내지 않으셨습니까?"

달라스의 대답은 이랬다. "요즘 나는 말로 이기지 않는 훈련을 하고 있다네."

모든 순간은 우리의 스승이신 예수님과 함께할 수 있는 기회이자, 실재이신 그분 안에 사는 법을 배울 수 있는 기회다. 그것을 보지 못할 뿐이다. 우리는 삶을 그저 내 작은 반경에서 벌어지는 몇 가지 시시한 활동 정도로 생각한다. 하지만 모든 순간은 방금 말한 그런 기회다. 오늘은 그 점에 대해 함께 배우고자 한다.

나는 20년도 더 전에 『영성 훈련』(The Spirit of the Disciplines, 은성)이라는 달라스의 책을 처음 접했다. 당시 나는 바라는 대로 변화되지 않는 나 자신과 교회 사람들 때문에 좌절을 느끼고 있었다. 그러던 차에 그 책을 만났고, 다음과 같은 주제 문구를 읽던 일이 지금도 기억난다. "한 가지만 할 의지가 있다면 진정한 변화는 가능하다. 즉 예수님의 삶과 실천을 중심으로 우리 삶을 조정하여 아버지로부터 끊임없이 능력과 사랑을 받는 것이다." 변화가 정말 가능하다는 생각과 지혜로운 학자들도 이런 고민을 한다는 사실은 내게 크나큰 희망을 주었다. 그 책은 이제 내 보물이 되었다.

그리고 마침내 달라스에게 편지를 쓰게 되었는데, 알고 보니 우리가 사는 곳은 그리 멀리 떨어져 있지 않았다. 그를 방문하여 대화를 나누었는데, 수많은 사람들이 달라스를 만나면서 경험한 것을 나도 경험했다. 사람들이 그에 대해 주고받는 일화도 놀랍긴 하지만, 관건은 달라스가 아니다. 놀라운 것은 예수님의 말씀대로 한없이 선하신 하나님이 계시다는 사실이다. 왠지 우리는 자꾸 그것을 놓치고, 우리의 시야는 일그러진다. 하지만 어쩌다 한 번씩 안개가 걷히면서 시야가 맑아질 때가 있다. 이유야 어찌됐든 많은 이에게 그 일은 이 사람, 달라스 윌라드의 저작과 가르침을 통해 일어났다.

놀랍게도 우리처럼 달라스도 완전하기는커녕 자기만의 씨름을 하고 있었다. 그런데 함께 있으면 그가 단순히 영성을 형성해 가는 사람이 아니라 하나님 나라의 실재를 그대로 살아가고 있다는 느낌을 받는다. 그 실재가 그의 몸을 다스렸듯이 나의 몸도 다스렸으면 좋겠다. 우리는 그것을 소중히 여기며 그로부터 배우고자 한다. 하지만 중요한 것은 그나 다른 어떤 인간이 아님을 잊지 말라. 오히려 중요한 것은 배후에 있는 실재이며, 그 실재는 우리 중 누구를 통해서도 말할 수 있다.

달라스를 따라가기만 하려 해도 많은 노력이 필요하다. 적어도 내 경우는 그렇다. 어떤 사람은 달라스의 강연을 듣고 나서 이렇게 말했다. "한 배에 가득히 탔던 얼간이들이 방금 내 머릿속에 상륙한 느낌이다."

감정을 자아내는 리더십의 문제점

달라스가 언급했듯이 처음 사역을 시작할 때만 해도 그는 사람을 움직이려면 지식을 전하는 것이 아니라 감정을 자아내야 한다고 생각했다. 교회 지도자들이 흔히 그렇게 한다. 일단 사람들의 감정적 체험을 만들어 낸 뒤 이를 이용해 의지를 굳히려는 것이다. 하지만 감정의 위력이 시들해지면 곧바로 의지도 시들해진다. 감정이란 본래 식기 마련이다.

사람들에게, 즉 우리에게 필요한 것은 실재를 다르게 보는 눈이다. 기본적인 인식의 차원에서 믿는 것이다. 우리 삶이 그런 기본적인 인식에서 비롯되기 때문이다. 그러면 굳이 사람들을 선동하여 일을 하게 할 필요가 없다. 행동은 사물을 보는 시각에서 자연스럽게 흘러나오는 법이다.

달라스가 가르치듯이 여기에는 많은 노력이 든다. 특정한 감정적 체험 속으로 사람들을 억지로 몰아가는 것이 아니기 때문이다. 우리가 던질 질문은 "이 강연이 내게 감동을 주었나?"라든가 "이 강연은 어땠지?"가 아니다. 오히려 이렇게 접근해야 한다. "하나님, 여기 모인 우리에게 창을 열어 주소서. 저로 하여금 보게 하소서."

여기 우리 모두를 위한 과제가 있다. 생각과 마음과 의지를 다하여 노력하기로 다짐해야 한다. 움직여야 한다. 가만히 앉아 강연을 들으면서 좋은 강연인지 보는 것이 아니라 소매를 걷어붙이고 노력해야 한다. 그러면서 하나님께 여쭈어야 한다. "이를 통해 제게 하시려는 일이 무엇입니까?" 혹은 이렇게 물어야 할지도 모른다. "교회가 진정 결정적인 고비에 있다면, 이를 통해 우리에게 하시려는 일이 무엇입니까?" 그러면 우리 시대에 하나님 나라의 아름다운 비전을 되찾으려는 운동이 일어날 수 있다. 구체적으로 어떤 운동인지는 나도 모른다. 다만 이렇게 질문해야 한다. "하나님, 지금 하고 계신 일이 있습니까? 그것이 무엇인지 우리에게 알려 주소서."

누가 우리를 가르칠 것인가?

거기에 따라 나오는 질문이 있다. "우리 시대에 삶의 변화에 대한 전문가는 누구인가? 본연의 삶이 무엇이고 그것을 어떻게 추구할 수 있는지 제대로 아는 사람은 누구인가?" 인간은 배워야 하는 존재다. 원하든 원치 않든 그런 존재다. 그래서 늘 스승을 찾는데, 이런 경향은 특히 자신이 모른다는 사실을 알 때 나타난다.

최근, 어린 시절 우리 오누이를 가르쳤던 피아노 선생님이 생각났다. 베이어 여사는 독일인이었는데, 독일인이라는 말에 그녀에 대해 알아야 할 것이 다 들어 있다. 우리는 그녀가 시키는 대로 손톱도 바짝 깎고 자세도 똑바로 해야 했다. 심지어 집의 피아노가 부실하니 가서 새로 사라는 그녀의 말에, 우리 부모님은 그렇게 하셨다. 결국 레슨을 그만두고 싶어졌는데, 우리 오누이는 베이어 여사에게 그 말을 하기가 두려웠다. 아빠가 내게 5달러를 주며 전화를 걸어 말하라고 했고, 그제서야 말을 할 수 있었다.

인간은 가르침을 받아야 하는 존재다. 피아노든 테니스든 인생을 사는 법이든 마찬가지다. 처음에는 부모님에게 배우다가 이후에는 다른 주변 사람들-직장 동료, 상사, 문화 등-에게 배운다. 문제는 우리가 인생을 사는 법을 배울 필요가 없다고 생각하는 데 있다. 권위를 의심하기로 작정한 우리 시대에는 특히 더하다. 그래서 이렇게 자문하는 법이 없다. "삶을 완벽히 익힌 사람은 누구인가? 내가 사사할 만큼 스승 자격을 갖춘 사람은 누구인가?"

많은 사람들이 예수님을 구주로, 즉 우리를 천국에 들어가게 해주실 분으로 생각한다. 그래서 흔히 "예수님을 내 구주로 영접했는가?"를 묻는다. 그러나 "예수님을 내 스승으로 받아들였는가?"라고 묻지는 않는다. 하지만 이것은 현실적인 질문이다. 제자들은 거기서부터 출발했다. 우선 그분을 스승으로 받아들였고, 이후 구주로 영접하는 일—물론 영원한 운명도 포함된다—은 자연스러운 수순이었다. 즉 스승 예수님에서 출발했다. 우리 모두는 인생을 사는 법을 배워야 하기 때문이다.

지혜에 다가가는 두 가지 길

시편 1편은 지혜를 어디서 찾을 것인지를 표현한 전형이다. 우리는 다 인생을 사는 법에 대한 지혜를 찾고 있다. 이스라엘은 지혜를 아주 사랑했으므로 이 시를 소중히 여겼다.

> 복 있는 사람은 악인들의 꾀를 따르지 아니하며 죄인들의 길에 서지 아니하며 오만한 자들의 자리에 앉지 아니하고 오직 여호와의 율법을 즐거워하여 그의 율법을 주야로 묵상하는도다. 그는 시냇가에 심은 나무가 철을 따라 열매를 맺으며 그 잎사귀가 마르지 아니함 같으니 그가 하는 모든 일이 다 형통하리로다. 악인들은 그렇지 아니함이여. 오직 바람에 나는 겨와 같도다. 그러므로 악인들은 심판을 견디지 못하며 죄인들이 의인들의 모임에 들지 못하리로다. 무릇 의인들의 길은 여호와께서 인정하시나 악인들의 길은 망하리로다. (시 1편)

이 시에는 지혜에 다가가는 두 가지 길이 나와 있다. 우리는 다 본능대로 또는 제 뜻대로 살아간다. 그런데 시편 기자는 세상에서 그냥 시류에 떠밀려 사는 것은 재앙이라고 말한다. 그리고 옛 어법을 써서 이렇게 말한다. 악인들의 꾀를 따르지 않는 사람, 즉 그 꾀대로 살지 않는 사람이 복이 있다는 것이다.

그렇다면 악인들의 꾀란 무엇인가? 나는 침례교회에서 자랐기 때문에, 떠오르는 악인들의 꾀란 누가 나를 부추겨 담배를 피우거나 섹스를 하거나 무신론자가 되게 하는 일 등이다. 그러나 달라스가 말하는 악인들의 꾀는 대다수 사람들이 평소에 그저 하는 말이다. 예컨대, 당신은 하나님의 영광스러운 우주 안에 영원한 운명을 지닌 부단한 영적 존재다. 그런데 악인들의 꾀는 그것이 사실이 아닌 것처럼 살아가라고 말한다. 악인들의 꾀는 "사람들이 너를 어떻게 보는지가 중요한 것처럼 살아가라"고 말한다. 악인들의 꾀는 "삶의 결실이 너에게 달렸고 너의 소관인 것처럼 살아가라"고 말한다. 악인들의 꾀는 "늙는 것을 걱정하며 살아가라"고 말한다. 악인들의 꾀는 "네 욕심과 욕망을 채우는 일이 행복의 비결이며 지혜로운 인생 전략인 것처럼 살아가라"고 말한다. 이것이 악인들의 꾀다. 우리가 여간해서 보지 못할 뿐이지 사방에 늘 널려 있다.

얼마 전 주유소에 갔더니 이런 팻말이 붙어 있었다. "당신이 더 신속히 이동할 수 있도록 도와드립니다." 자, 그것이 내게 중요하고 꼭 필요한 일인가? 이 또한 악인들의 꾀에 해당할 것이다.

또 이런 예도 있다. 우리 딸이 어렸을 때, 하루는 내가 자전거 타는 것을 도와주었다. 딸이 내 팔에 붙어 있는 일회용 반창고를 보고 이유를 묻기에, 생명보험에 가입하느라 검사를 받아서 그렇다고 설명해 주었다. 나는 좀 감정적인 편이라 이참에 딸이 감동하는 모습을 보려나 싶었다. 그래서 보험에 든 것은 내가 가족들을 한없이 사랑하기 때문이고, 혹시 내게 무슨 일이 생겨도 가족들을 고생하지 않게 해 주려는 것이라고 말했다. "만약 아빠가 죽으면, 이 보험 덕분에 20만 달러가 나오는 거지."

그러자 딸은 눈이 휘둥그레지며 말했다. "한 사람당?"

악인들의 꾀는 우리가 태어나는 순간부터 귀에 들려온다. 악인들이 부추기는 꾀는 더 많이 손에 넣고, 더 성공하고, 더 젊고 섹시해 보이고, 가해자에게 복수하라는 것 등이다. 텔레비전을 켜거나 인터넷에 들어가거나 하루에 오가는 대화를 듣기만 해도 알 수 있다. 우리가 서로 나누는 대화를 들어 보라. 그것이 악인들의 꾀다.

시편 1편에 쓰인 점층법은 매우 흥미롭다. 처음에는 "복 있는 사람은 악인들의 꾀를 따르지 아니하며"로 시작하지만 곧이어 다음 단계인 "죄인들의 길에 서지 아니하며"로 넘어간다.

나쁜 영향이 당신의 생각에서 그치지 않는다는 말이다. 당신이 살아가는 길도 영향을 입는다. 서서히 주변에 동조한다. 처음에는 무리를 따르다가 이제 그들과 함께 선다. 다음 단계는 "오만한 자들의 자리에" 앉는 것이다. 앉았다는 것은 아무 데로도 가지 않는다는 뜻이다. 그대로 눌러앉기로 작정한 것이다. 인생에도 그런 일이 벌어질 수 있다. 그 길을 따르다가 서고, 나중에는 아예 앉아 버린다. 계획적으로 그렇게 하는 사람은 아무도 없다. 작정하고 파멸의 길을 가는 사람은 없다. 그냥 그렇게 될 뿐이다. 세상의 시류가 그렇다. 이것이 첫 번째 길이다.

시편 기자가 말하는 두 번째 길이 있다. 이 길을 가는 사람은 위와 같이 하지 않고 오히려 하나님의 율법과 길, 그분이 계획하신 삶, 그분의 능력과 임재를 기뻐한다. 이런 삶이 형통하고 선한 삶이다. 요컨대, 누구나 이 결단에 마주 서 있다. 우리는 인생을 사는 법을 누구한테 배울 것인지 결정해야 한다. 그런데 위험하게도 세상은 그 사실을 망각하게 만든다. 우리는 그것을 유효한 질문으로 치지도 않는다. 하지만 누구나 결단해야 하며, 결국 각자는 둘 중 한 길로 간다.

예수님과 세상

인간은 인생을 사는 법을 가르쳐 줄 누군가를 찾기 마련이다. 따라서 예수님을 따르려는 사람들과 교회 지도자가 되려는 사람들은 예수님이야말로 인간이 인생을 사는 법을 배워야 할 최고이자 유일한 대상임을 알아야 한다. 예수님뿐이다.

우리는 다 어디선가 배운다. 처음에는 부모님에게 배우다가 나중에는 직장 동료, 상사, 대중매체, 문화, 주변 사람에게 배운다. 하지만 성경에 나와 있듯이 하나님과 함께 출발하지 않는 모든 시도는 결국 우리를 저버린다.

우리를 예수님으로부터 멀어지게 하는 온갖 음성을 어떻게 처리할 것인가? 달라스는 이 문제도 언급한다. 문제는 그런 음성을 따르는 사람에게 그것이 삶의 기초로서 충분하지 못하다는 데 있다. 그것은 기초가 되지 못한다. 우리에게 인생을 사는 법을 가르치지 못한다. 사도 바울은 이 문제에 대해 다음과 같이 말한다. "그리스도께서 나를 보내심은 세례를 베풀게 하려 하심이 아니요 오직 복음을 전하게 하려 하심이로되 말의 지혜로 하지 아니함은 그리스도의 십자가가 헛되지 않게 하려 함이라. 십자가의 도가 멸망하는 자들에게는 미련한 것이요 구원을 받는 우리에게는 하나님의 능력이라." 그의 말은 이렇게 이어진다. "지혜 있는 자가 어디 있느냐. 선비[학자]가 어디 있느냐. 이 세대에 변론가[철학자]가 어디 있느냐. 하나님께서 이 세상의 지혜를 미련하게 하신 것이 아니냐"(고전 1:17-18, 20).

배움과 깊은 사고가 좋지 않다는 뜻이 아니다. 당연히 아니다. 세상은 참된 이치-하나님의 지혜, 즉 살려면 죽어야 하고 먼저 되려면 나중 되어야 하는 역설의 법칙-에 따라 돌아가는데, 우리가 사는 세상에서는 늘 미련해 보인다는 뜻이다. 사람들은 다른 온갖 음성을 떠받들며 귀를 쫑긋 세우지만 결국 다 사망에 이르는 길이다.

심리학과 교회

누가 인간에게 인생을 사는 법에 대한 지혜를 줄 것인가? 그 답을 모색하는 시도로서 우리 시대에는 심리학이 대두되었다. 심리학은 응용과학이다 보니 어떻게 살아갈지 알려 주는 지식이 과학에만 있다고 단정한다. 심리학이 이렇게 널리 퍼진 이유 중 하나는 교회가 그 일을 잘하지 못했기 때문이다.

리처드 러블레이스(Richard Lovelace)의 『온전한 영성』(*Renewal as a Way of Life*, 아가페)은 영성 형성에 대해 쓴 흥미로운 책이다. 저자는 죄와 죄의 본질을 다루면서, 역사적으로 교회가 인간의 상태를 매우 복잡다단한 것으로 이해했으며 그 모든 것을 설명할 괜찮은 언어도 있었다고 말했다. 그런데 19세기 말경, 몹시 피상적이고 지나치게 단순화한 빅토리아식 도덕관이 지배하기 시작했다. 예컨대, 이혼한 사람은 악하고 결혼한 사람은 선하다는 식의 지나친 흑백 논리였다.

그러다 프로이트(Freud)가 나타나 인간 실존의 엄청난 복잡성과 다층적 구조에 대해 말했다. 워낙 깊어 심층 심리학으로 불렸다. 사람들은 이를 보며 말했다. "그래, 나 자신의 경험이 이것으로 설명된다. 적절한 언어가 여기 있었군. 내 생각에도 나는 아주 복잡한 존재거든." 교회도 가장 좋은 상태였을 때는 늘 이것을 알고 있었다. 그런데 교회가 길을 잃고 피상적 교화(敎化)로 돌아서자, 사람들은 인간 실존의 복잡성과 깊이를 설명할 언어를 다른 데서 찾으려고 했다. 결국 우리 시대의 대중은 다분히 심리학에서 그 언어를 찾고 있다. 그런데 정신 건강 분야에서 영향력 있는 지위를 차지한 사람들 중 절대다수는 인구 전반에 비해 하나님을 믿고 따를 소지가 훨씬 적다.

지난 20여 년 사이에 심리학에 나타난 가장 두드러진 움직임은 소위 긍정 심리학의 발달일 것이다. 심리학은 인간의 병리라는 부정적 측면에 주력하는 편이다. 조증 우울 장애나 연상 장애나 중증 불안을 어떻게 다스릴 것인가? 심리학의 성과가 그 영역에서 가장 컸기 때문일 텐데, 흔히 약물 치료도 한몫한다.

선한 존재와 훌륭한 삶

단지 병리를 없애는 것이 아니라 사람들을 형통하도록 도우려면 어찌할 것인가? 그것을 알고자 하는 갈망은 점점 커졌다. 어떻게 인간이 형통하도록 도울지 알려면, 시편 1편으로 돌아가야 한다. 형통한 삶이란 어떤 삶인가? 그래서 윤리가 심리학의 일부가 되어야 한다. 의미의 문제도 심리학의 일부가 되어야 한다. 하지만 일반 세상에서는 그 기초를 찾기가 매우 어렵다.

이 분야에서 글을 쓰는 사람들은 역사를 돌아보는 경향이 있다. 다음과 같은 기본적인 질문에 관해서는 과학이 형편없기 때문이다. 훌륭한 삶이란 무엇인가? 선한 인간이란 무엇인가? 아리스토텔레스, 고전 전통, 스토아 전통, 공자, 부처 등은 곧잘 인용된다. 좀처럼 인용되지 않는 인물은 누구일까? 바로 예수님이다. 예수님과 그분을 중심으로 한 움직임이야말로 우리가 살고 있는 이 문화의 도덕관념을 세상 누구보다 훨씬 더 압도적으로 형성한 주체인데도 말이다.

우리가 살고 있는 세상에서 예수님은 점점 더 금기시되고 있다. 이유는 아주 다양한데, 교회의 잘못도 빼놓을 수 없다. 당신이 교회의 일원이나 지도자라면, 이 복음 곧 예수님이라는 길의 청지기다. 인생을 사는 법에 대한 최고의 지식, 최고의 정보는 예수님께 있다. 선한 사람이 무엇이고 당신이 어떻게 선해질 수 있는지에 대한 최고의 지식과 정보도 여전히 예수님께 있다. 우리는 선해지고자 하는 갈망에서 벗어날 수 없다.

달라스는 모든 인간이 씨름해야 하는 네 가지 질문을 말한다. 하나는 "무엇이 실재인가?"이며, 또 하나는 "무엇이 훌륭한 삶인가?"이다. 그런 의문은 우리를 떠나지 않는다. 세 번째는 "누가 선한 사람인가?"이고, 네 번째는 "어떻게 선한 사람이 될 수 있는가?"이다. 우리는 끊임없이 이런 질문으로 씨름한다.

아주 흥미롭게도 훌륭한 삶을 갖춘 사람은 대개 광고의 주인공이 된다. 그런 사람들은 머리숱이 많고 치아가 희고 신선한 기운을 뿜어내고 큰 집과 새 차가 있다. 세상이 말하는 훌륭한 삶을 산다. 하지만 선한 사람은 어떤가? 직장 동료의 인간성에 대해 사람들이 나누는 온갖 불평과 갖가지 말들을 들어 보라. 대체로 험한 말이라서 여기에 옮기지는 않겠지만, 인간은 다른 사람들이 선한지 아닌지 평가하지 않고는 못 배긴다. 장례식에서 우리는 고인이 선한 사람이었는지 아닌지 말한다. 따라서 부고는 광고와 아주 다르다. 달라스가 말한 것같이 고인의 머리숱이 많았다든지 치아가 희었다든지 좋은 차가 있었다고 부고에 쓰는 경우는 거의 없다.

세상을 떠날 때 우리는 사람들에게서 선한 사람이었다는 말을 듣고 싶어 한다. 그런데 생전에는 광고에서 말하는 훌륭한 삶을 추구하며 살아간다. 선한 존재와 훌륭한 삶이 서로 맞물려 있다는 인식을 상실한 것이다. 예수님은 하나님이 정하신 선함을 기준으로 점점 선해지는 사람만이 능히 훌륭한 삶을 살 수 있음을 아셨다. 선한 존재와 훌륭한 삶, 이 둘을 향한 우리의 갈망은 결코 사라지지 않는다. 이에 대한 최선의 지식은 예수님께 있으며 당신과 나는 그 청지기다. 세상은 그것이 절실히 필요하다.

복음이란 무엇인가?

"예수님이 친히 전파하신 복음은 무엇인가?" 이 질문에 당신은 어떻게 답하겠는가? 나는 교회에서 자랐으므로 복음을 알고 있다고 확신했으나 달라스가 한 질문 앞에서 말문이 막혔다. 마가복음 서두에서, 세례 요한이 옥에 갇힌 후 예수님은 갈릴리에 가셔서 하나님의 기쁜 소식을 전파하셨다. 기쁜 소식(헬라어로 유앙겔리온), 그것이 복음이다. 갈릴리에 가셔서 하나님의 기쁜 소식을 전파하시며 이렇게 말씀하셨다. "때가 찼고 하나님의 나라가 가까이 왔으니 회개하고 복음을 믿으라." 유앙겔리온, 곧 기쁜 소식을 믿으라는 것이다(막 1:14-15).

예수님이 사역 초기에 전파하신 기본적인 복음은 마태와 마가와 누가가 쓴 세 공관복음에 거의 동일하게 요약되어 있다. 예수님은 열두 제자를 택하여 사역에 착수하셨다. 성경에는 "그 후에 예수께서 각 성과 마을에 두루 다니시며 하나님의 나라를 선포하시며 그 복음을 전하[셨다]"고 되어 있다(눅 8:1).

다음 장에서 예수님은 열두 제자를 내보내며, 가서 하나님 나라를 전파하라 하신다. 얼마 후에는 칠십 인을 파송하시며, 가서 병자들을 고치고 하나님 나라를 전파하라고 명하신다. 전체 사역이 이렇다.

그러다 십자가에서 죽으시고 부활하신다. 부활하신 후, "사십 일 동안 [제자]들에게 보이시며 하나님 나라의 일을 말씀[하신다]"(행 1:3). 사도행전 맨 마지막 절에서는 사도 바울이 로마에서 사슬에 매인 채 "하나님의 나라를 전파하며…담대하게 거침없이 가르[친다]"(행 28:31).

예수님이 전파하신 복음을 한마디로 요약하면 '하나님 나라'가 된다. 하나님 나라는 언제나 존재했다. 예수님에게는 새로운 사실이 아니었다. 그러나 인간이 하나님 나라에 들어가 살 수 있게 된다는 것은 새로운 사실이었다. 이것이 그분이 전하신 복음이다. 하나님 나라가 지금 와 있으므로 원한다면 당신은 곧바로 그 안에 들어가 살 수 있다. 예수님의 이 복음이 더 값싸고 무력한 다른 복음, 즉 죽을 때 천국에 들어갈 수 있는 최소한의 요건만 갖추게 하는 복음으로 대체되는 것은 비극이다.

영화 <몬티 파이튼의 성배>에 좋은 예화가 나온다. 영화 말미에서, 아서 일행은 거대한 협곡을 건너려고 한다. 성(城) — 좋은 곳 — 이 반대편에 있기 때문이다. 목표는 거기로 가는 것인데, 다리에는 수문장이 있고, 사람마다 수문장이 던지는 세 가지 질문에 정답을 맞혀야만 건너갈 수 있다. 틀린 답을 말하면 천길 나락으로 떨어진다.

수문장은 첫 번째 기사에게 "이름이 무엇이오?" 하고 묻는다. 기사는 이름을 댄다. "임무가 무엇이오?"라는 질문에는 임무를 밝힌다. 끝으로 "제일 좋아하는 색깔이 무엇이오?"라고 묻는다. 기사가 빨간색이라고 답하자 놀랍게도 수문장은 너무 쉽게 다리를 건너게 해 준다.

두 번째 기사가 자신만만하게 다가간다. 처음 두 질문은 똑같아서 정답을 맞힌다. 그런데 마지막 질문은 1948년 월드컵 우승국을 대라던가 뭐 그런 것이다. 기사가 "모르겠소"라고 말하자 나락으로 떨어진다.

당연히 세 번째 기사는 겁을 먹지만 역시 처음 두 질문은 무사히 통과한다. 마지막 질문은 "제일 좋아하는 색깔이 무엇이오?"였다. 그런데 너무 떨려서 그만 "**빨간색, 아니 파란색이오!**"라고 했다가 역시 나락으로 떨어진다.

아서가 맨 마지막이다. 수문장이 그의 이름을 묻는다. "나는 브리튼의 왕 아서요."

"임무가 무엇이오?"

"성배를 얻는 것이오."

"그럼 제비가 날아가는 속도가 얼마요?"

"종류에 따라 다를 거요. 아프리카 제비요, 유럽 제비요?"

수문장은 "그건 나도 모르겠소"라고 하고, 다리 밑으로 떨어지게 된다.

수많은 사람들이 생각하는 복음의 핵심 질문은 이것이다. "죽을 때 천국에 들어갈 것을 어떻게 아는가?" 결국 "천국에 들어갈 최소한의 요건을 갖추었는가?"라는 뜻이다. 이렇듯 복음은 사후의 천국 입성에 필요한 최소한의 요건을 알리는 소식으로 변한다. 하지만 여기에 문제가 있다. 신약에서 예수님이 이렇게 말씀하신 적이 단 한 번이라도 있는가? "이제 너희에게 죽을 때 천국에 들어가는 데 필요한 최소한의 요건을 이르노니." 한 번도 없다.

복음은 결코 그런 식으로 제시된 적이 없다. 본질상 그럴 수 없기 때문이다. 사후에 천국에 가는 것이 내 목표라면 풍자만화처럼 천국을 오락실로, 지옥을 고문실로 보는 것이다. 그러면 하나님을 전혀 원하지 않으면서도 천국에는 가고 싶을 수 있다. 이런 절망적인 변질은 하나님, 천국, 내세, 훌륭한 삶, 선한 사람 등에 대한 잘못된 생각에서 비롯되었다. 물론 하나님은 은혜로우신 분이어서 그것을 사람들의 출발점으로 사용하실 때도 있다. 하지만 그런 잘못된 사고는 예수님의 제자가 되라는 부르심과는 전혀 무관하다.

우리의 나라와 하나님 나라

예수님의 복음은 "죽을 때 너희가 천국에 들어갈지 어떻게 아는가? 혹시 모를까 봐 내가 최소한의 요건을 알려 주겠다"가 아니다. 그분의 복음은 "이제 하나님 나라가 너희 앞에 있다"이다. 예수님이 말씀하시는 삶이란 그분 안에서, 그분의 몸을 통해 이 땅에 임한 하나님의 임재와 능력이다. 말 그대로 지상에 있는 천국이다. 예수님은 이렇게 말씀하신다. "이것을 보라. 원한다면 그냥 와서 나와 함께 있으라. 나를 지켜보며 내게서 배우라. 나처럼 해 보라."

잠시 하나님 나라에 대해 말해 보자. 물론 예수님의 복음에는 오직 은혜로만 죄 사함을 받는다는 값없는 약속이 포함되어 있다. 죽음이 끝이 아니라는 약속도 포함되어 있다. 그 모든 것이 다 들어 있다. 그분의 복음은 집단적 차원도 있으나, 각 개인에게도 아주 깊숙이 다가온다. 죄 사함 그 이상이며, 단순히 사후에 벌어질 일 이상이다.

십자가에서 죽으시는 것만이 예수님이 오신 진짜 이유라고 생각하는 사람들이 많다. 그러나 유일한 이유는 아니다. 예수님은 하나님 나라를 가져오셨다. 그분의 복음은 그 나라가 가까이 왔다는 것이었다. 그분의 목적은 그 나라를 보여 주시는 것이었다. 그분의 유일한 명령은 그 나라를 추구하라는 것이었다. "너희는 먼저 그의 나라[를]…구하라." 그분의 유일한 계획은 그 나라를 확장시키는 것이었다. 그런데 많은 사람들이 하나님 나라(왕국)라는 말을 이해하지 못한다. 고어이기도 하고, 그런 표현을 별로 쓰지 않기 때문이기도 하다. 또한 요즘 세상에는 왕이 다스리는 나라도 거의 없다. 왕국은 낯선 개념이다.

달라스에 따르면, '나라'는 자신의 의지가 효력을 발하는 영역이다. 다시 말해, 당신의 나라는 모든 일이 당신이 원하는 대로 돌아가는 작은 반경이다. 이것이 하나님의 형상대로 지음받았다는 말의 진짜 핵심 의미다. 하나님은 "우리의 형상을 따라 우리의 모양대로 우리가 사람을 만들고 그들로…다스리게 하자"(창 1:26)고 말씀하신다. 다스린다는 말은 나라의 용어다. 다스린다는 것은 나의 의지가 정말 유효한지, 차이를 낳는지, 결과를 만들어 내는지 알아본다는 뜻이다.

사람은 나면서부터 자신의 나라가 있음을 배우기 시작한다. 두 살배기 아이가 제일 좋아하는 말이 무엇인가? "싫어"라는 말이다. 그다음으로 좋아하는 말은 무엇인가? "내꺼야"라는 말이다. 왜 그런가? 자신의 나라가 있음을 배우느라 그렇다. "싫어"와 "내꺼야"는 정말 중요한 통치 용어다. 아이들이 자동차의 뒷좌석에 앉아서 하는 일은 무엇인가? 금을 긋고 "너, 이 금을 넘어오면 안 돼"라고 말한다. 나라에 대해 배우는 것이다. "너는 네 나라에 있어." 그러고는 서로의 나라를 침범한다. 그러면 아빠는 발끈해서 뒷좌석으로 뱀처럼 손을 획 날린다. 아빠는 이 차가 자신의 나라라고 생각하기 때문이다. 그래서 아이들은 아빠의 손을 피해 몸을 뒤로 뺀다. 하지만 켄트 데이비스(Kent Davis)의 말처럼, 다음 브레이크를 밟을 때쯤이면 아이들은 다시 장난치기 시작한다. 각자의 나라가 임하는 것이다.

누구나 자신의 나라가 있다. 그것을 기본적으로 알아야 인간의 본질과 존엄성을 이해할 수 있다. 리더십이 그토록 힘든 것도 그 때문이다. 상대의 나라를 침범하지 않으면서 그 사람을 이끌기란 매우 어렵다. 그래서 우리는 조종이나 아부나 위협을 받으면 민감해진다. 누군가 내 나라를 침범하고 있기 때문이다. 물론 우리는 교회에서 늘 그런 일을 한다. 그런데 달라스는 가르칠 때나 대화할 때, 나라를 침범하지 않으려고 부단히 노력한다. 나라를 침범하는 일은 일종의 영적 호르몬제이기 때문이다. 그런 식으로 교회를 세울 수는 있으나 오래가지 않는다. 하나님이 각 사람에게 의지를 주셨기 때문이다. 사람은 누구나 마음의 문에 작은 자물쇠가 달려 있어, 하나님을 비롯한 어느 누구도 억지로 열 수 없다.

우리 모두에게는 자신의 나라가 있다. 그런데 인간 상태의 근본적 문제는 우리의 나라가 죄에 중독되어 있다는 것이다. 하나님을 떠난 세상은 이것을 도무지 이해하지 못한다. 우리의 나라는 잘못되어 있으며, 그 잘못이 몸과 의지와 사고에 배어 있다. 우리가 생각하는 것보다 훨씬 더 뿌리가 깊다.

얼마 전에 본 만평에는 이런 세상을 향해 해답이 제시되어 있었는데, 곧 교육이 인류를 구원할 거라는 생각이다. 하지만 교육으로는 인류를 구원하지 못한다. 적어도 흔히 정보로 이해되고 있는 그런 교육으로는 어렵다. 몇 년 전에 있었던 한 집회에서 달라스는 벽에 이런 글귀를 붙여 놓았다. "의지를 변화시키는 것은 정보가 아니라 경험이다." 교회 안팎에서 우리는 정보가 변화를 가져다준다며 정보의 위력을 터무니없이 과대평가한다.

우리의 모든 나라는 타인의 나라와 교류한다. 우리는 결혼하고 가정을 이루고 동네에 살고 학교에 다닌다. 저마다 직장도 있고 국가도 있다. 이 모든 나라가 서로 겹치고 맞물리고 얽히고설킨다. 이 모든 시스템과 나라들의 전체 덩어리를 일컬어 "이 땅의 나라"라고 할 수 있다.

예수님이 우리에게 가져오신 나라

이 땅의 나라는 사정이 어떠한가? 썩 좋지 못하다. 그런데 마침 예수님이 오셔서 다른 나라가 있다고 말씀하신다. 그 나라는 실재다. 우리가 다 이해할 수 없을 만큼 훨씬 더한 실재다. 지혜로운 사람들은 이 나라의 실재에 목숨을 건다. 예수님은 그것을 하나님 나라라고 부르신다.

예수님은 많은 가르침으로 하나님 나라에 대한 사람들의 왜곡

된 개념을 바로잡아 주신다. 달라스의 가르침을 들을 때도 그 나라야말로 내가 무엇보다도 원하는 것임을 깨닫게 되는데, 예수님의 말씀을 듣던 사람들도 마찬가지였을 것이다. 그래서 그분은 이런 말씀을 자주 하셨다. "…하였다는 것을 너희가 들었으나 나는 너희에게 이르노니…."

또 그분은 여러 이야기를 들려주신다. "내가 하나님의 나라를 무엇으로 비교할까. 마치 밭에서 보화를 발견한 사람과 같으니." 도대체 예수님은 이 이야기를 왜 하실까? 보화를 발견한 사람은 그것을 원하기 때문이다. 정말 간절히 원한다. 어떤 귀중한 물건이 리트머스 시험을 확실히 통과했다면, 예수님의 말씀대로 평생 당신이 원했던 무엇보다도 그것을 더 원할 것이다.

"나라가 임하시오며"
하나님 나라에 관한 올바른 시각은 신학적으로만 옳은 것이 아니다. 당신 안에 주체할 수 없는 갈망을 일깨운다. 당신 안에 갈망을 일깨우되, 강요하거나 조종할 수는 없다. 실재에 눈을 뜰 때, 다른 무엇에 대한 갈망보다 더 강렬한 갈망을 우리 안에 불러일으킬 수 있다. 그것을 소유하는 것이 다른 무엇을 소유하는 것보다 더 나음을 알기 때문이다.

바울도 그것을 알았다. 그래서 하나님 나라는 먹고 마시는 일에 대한 규정이 아니라고 했다(롬 14:17). 그런데 우리는 늘 그 나라를 그렇게 만든다. 왜곡시키고 율법으로 둔갑시킨다. 그러면 진이 빠져 그 나라가 싫어진다. 하나님 나라는 먹고 마시는 일에 대한 규정이 아니라, 의와 평강과 희락이다. 그것이 하나님 나라다. 정말 멋진 삶이다.

하나님 나라가 있고 이 땅의 나라가 있다. 예수님의 계획은 저 위를 이 아래로 가져오는 것이다. 내가 왜 이것을 그토록 오랫동안 깨닫지 못했는지 모르겠다. 교회에서 늘 주기도문-"나라가 임하시오며"-으로 기도하는데도 의미를 잘 몰랐다.

1980년대에 나는 시카고에 살았는데, 그때는 마이크 디트카(Mike Ditka)가 시카고 베어스 풋볼 팀의 코치였고, 별명이 "냉장고"인 윌리엄 페리(William Perry)가 수비 라인맨이었다. 그 팀이 정기 예배를 드릴 때 목사는 페리에게 주기도문으로 기도해 달라고 부탁했다. 그러자 디트카가 고개를 기울이며 말했다. "냉장고가 주기도문을 모른다는 데 20달러를 걸겠습니다."

목사는 주기도문에 돈을 건다는 게 좀 이상하다 싶었으나 "좋습니다. 내기에 응하지요"라고 말했다.

모두들 고개를 숙이자 냉장고가 기도하기 시작했다. "이제 잠자리에 들고자 주께 기도하오니…." 디트카는 고개를 내두르고는 20달러를 건네며 말했다. "주기도문을 모른다고 확신했는데."

"하늘에 계신 우리 아버지여…." 하늘은 저 멀리 어디 딴 세상이 아니라 하나님의 의지가 효력을 발하는 영역이다. 바로 이곳일 수 있다. 우리가 호흡하는 공기보다 더 가까울 수 있다. 얼마나 기쁜 소식인가. "우리 아버지여, 이름이 거룩히 여김을 받으시오며." 그분이 얼마나 선하시고 놀라운 분인지 사람들이 보게 해 달라는 기도다. "나라가 임하시오며 뜻이 하늘에서 이루어진 것 같이 땅에서도 이루어지이다." 정말 그렇게 될 수 있다고 믿는가? 그것이 관건이다.

영화 <스타 트렉>에서 누구든지 곤경에 빠지면 스코티에게 "광선을 쏘아 줘"라고 짤막한 기도를 보낸다. 한때 나는 교회에서 하는 기도도 그런 것인 줄 알았다. "세상은 지옥을 향해 갑니다. 나쁜 곳입니다. 저에게 광선을 쏘아 주소서. 이 아래서 저 위로 가도록 저를 여기서 건져 내 주소서." 하지만 예수님은 우리에게 "하나님, 저에게 광선을 쏘아 주소서. 이 아래서 저 위로 가도록 저를 여기서 건져 내 주소서"라고 기도하라고 가르치신 적이 없다.

"나라가 임하시오며." 어디에 임할까? 먼저, 내 몸에 임한다. 어떻게 그렇게 될까? 어떤 모습일까? 거기서부터 그 나라는 내 관계, 우리 교회, 이 세상에 임한다. "나라가 임하시오며 뜻이 하늘에서 이루어진 것 같이 땅에서도 이루어지이다." 우리는 이를 위한 청지기다. 이것이야말로 삶의 변화에 대해 인류에게 주어진 사상 최고의 정보다.

존 오트버그와 함께하는 질의응답

질문: 달라스는 정확한 교리 교육을 걱정할 게 아니라 기본적으로 예수님이 가르치신 대로 가르치고 그대로 살 것을 강조합니다. 그렇다면 교리를 가르치는 것과 달라스가 말하는 것의 차이를 어떻게 설명하시겠습니까?

존: 아주 좋은 질문입니다. 달라스는 특히 어휘를 아주 명확하게 사용하기 때문에 우리에게 도전이 됩니다. 대개 그의 어휘에는 많은 의미가 함축되어 있어 풀어내는 데 시간이 걸립니다. 또는 단어가 어떤 뜻으로 쓰이는지 우리가 알고 따라간다는 전제가 바탕에 깔려 있습니다.

 그가 말하려는 요지를 이렇게 표현해 봅시다. 흔히 교회에서 우리는 사람들에게 올바른 신념과 올바른 관점을 시인하게 하려 합니다. 하지만 믿음을 가늠하는 진짜 기준은 그 믿음이 나의 행동을 지배하느냐입니다. 예컨대, 나는 중력을 믿기 때문에 고층 건물에서 뛰어내리지 않습니다. 중력을 믿으려고 자신을 다그치거나 억지를 쓸 필요가 없지요. 나는 중력을 믿을 뿐입니다. 그러니 자해할 목적이 아니라면 옥상에서 뛰어내리지 않습니다.

내 행동은 언제나 현실의 이치에 대한 내 지각과 의지의 산물입니다. 때로 교회에서는 사람들이 어떤 내용을 중력을 믿듯이 믿지 않는데도, 무조건 시인하게 하려고 애쓸 때가 있습니다. 그래서 누가 이렇게 말한다 합시다. "나는 성경이 하나님의 감동으로 된 절대 권위의 말씀인 것을 믿는다." 그런데 성경은 베푸는 것이 받는 것보다 복이 있다고 하는데도 사람들은 베풀지 않습니다.

그렇다면 정말 성경을 하나님의 감동으로 된 절대 권위의 말씀으로 믿는 것일까요? 물론 어떤 차원에서는 믿는다고 생각하겠지요. 하지만 믿음의 가장 중요한 차원은 실재를 보는 머릿속의 지도입니다. 내 행동과 살아가는 방식을 실제로 이끄는 지각은 무엇입니까? 내게는 그것이 바로 실재이기 때문입니다. 그러니까 우리는 단순히 교리를 가르쳐 사람들의 시인을 얻어 내려 해서는 안 됩니다. 세상의 이치에 대해 예수님이 머릿속에 그렸던 지도를 그들도 품도록 도와주어야 합니다.

한번은 누가 교회에 찾아와 "우리는 삼위일체에 대해 무엇을 믿습니까?"라고 물었습니다. 내가 그냥 답을 말해 주고 상대가 수긍한다면, 그 사람은 실제로 믿는 것이 아닙니다. 시인하는 것뿐이지요. 달라스식으로 말해, 삼위일체를 믿는 목적은 신학 시험에서 하나님께 A학점을 받기 위해서가 아닙니다. 둘 더하기 둘이 넷임을 믿으면 무슨 유익이 있지요? 네, 집에 있는 사과를 셀 수 있습니다. 현실을 더 잘 다룰 수 있습니다. 앞에서 언급한 내용이지요. 참된 믿음이 있는 사람은 능히 현실을 다룰 수 있습니다. 그것이 우리가 하려는 일입니다. 예수님과 그분의 교훈을 사람들에게 가르치되, 전 존재로 믿을 수 있게 하는 것입니다. 그러면 하나님, 삶, 타인, 유혹 등의 현실을 능히 잘 헤쳐 나갈 수 있습니다.

요컨대, 제대로만 이해한다면 교리는 굉장히 중요합니다. 하지만 교리를 일련의 동떨어진 추상적 명제로 생각한다면 아무 소용이 없습니다. 신학 시험에서 A학점을 받으려고 말로 시인만 하고 실생활에는 적용하지 않는다면 말이지요. 하나님은 사랑이심을 믿는다고 고백하면 신학 시험에서는 정답입니다. 하지만 실제 대인 관계는 엉망이라면 예수님이 생각하시는 믿음에는 이르지 못한 것입니다.

질문: 그리스도인의 영성 형성에 관해 가르치다 보면 행위 지향적으로 접근하고 더 열심히 해야 한다는 기독교에 철저히 물든 사람들을 꼭 만납니다. 하나님과의 관계가 기초라고 설명해 주면, 방종을 가르친다고 생각합니다. 그런 경우를 겪어 보셨는지, 그 벽에 균열을 내는 좋은 방법을 찾으셨는지 궁금합니다.

존: 이 질문에 대한 짧고 좋은 답은 나도 모릅니다. 달라스는 영성 형성이 행동을 수정하는 것과는 다르다고 말합니다. 속임수나 거

짓말 같은 개별적 행동을 등한시하라는 말은 아닙니다. 그것도 아주 중요하니까요. 요지는 내면에 흐르는 사고와 감정이 변하지 않는 한 행동의 억제만으로는 인간이 변화될 수 없다는 것입니다. 달라스는 이것이 예수님과 바리새인들 사이에 벌어진 논쟁의 핵심이라고 말합니다. 신약에 기록된 대부분의 논쟁에서 바리새인들의 목표는 옳은 행동을 하게 만드는 것인데 반해, 예수님의 목표는 인간을 변화시켜 옳은 행동이 저절로 흘러나오게 하는 것입니다.

목표가 전혀 다릅니다. 속으로는 싫어 죽겠으면서 당장 행동만 옳게 할 수도 있으니까요. 그래서 우리의 목표는 속사람을 변화시키는 것이며, 옳은 행동은 그 결과로 자연스럽게 따라 나옵니다. 이것은 방종과는 전혀 거리가 멉니다. 속에서부터 변화되는 것이 행동 수정보다 사실은 무한히 더 힘들거든요. 행동 수정에만 매달려 "더 이를 악물고 더 열심히 하라"고 한다면, 인간의 유일한 희망인 근본적 차원의 변화는 요원합니다. 이것은 사실상 여러 모로 방종의 반대입니다. 증상 대신 원인을 치료하는 것이지요.

질문: 당신과 달라스는 의지를 변화시키는 것이 정보가 아니라 경험이라 했는데, 정보와 지식의 차이에 대해 말씀해 주시겠습니까?

존: 최선을 다해 답해 보겠습니다. 내 생각에 달라스가 말하는 지식이란 "무언가를 사실로 믿는데 그것이 정말 사실일 때"를 말합니다. 무언가를 사실로 믿되 충분히 그럴만한 근거가 있으면 지식입니다. 단지 운 좋게 맞힌 추측이 아니라 정말 사실인 겁니다. 그

러니까 지식은 사람의 내면에 있습니다. 정보는 종이에 적힌 글처럼 단순히 진술된 내용입니다. 정보가 사실이고 내가 그것을 믿으면, 지식이 됩니다. 그러니까 정보는 사람의 밖에 있을 수 있습니다. 단, 사실인 정보를 우리가 흡수하면 지식이 되지요.

질문: 믿지 않는 것을 믿으라고 하거나 실제로 지지하지 않는 것을 지지하게 만들면 그것이 영혼에 어떤 영향을 미칩니까? 이를테면, 사람들이 우리가 전수하는 교리를 실제로 믿지 않아도, 복음주의 교회에서는 그것을 고백하게 합니다. 이때 영혼은 어떻게 됩니까?

존: 영혼은 인간의 가장 깊은 부분으로서 우리의 의지와 생각과 몸을 통합합니다. 영혼은 인격이 통합을 이루고 온전해지기를 갈망합니다. 그렇지 못할 때마다 영혼은 상처를 입습니다. 의지력으로 확신의 감정을 만들어 내려고 하는 사람은 자신의 생각에 상처를 입힐 수밖에 없습니다.

내 경우는 믿음과 확신과 헌신을 구분하는 게 도움이 됩니다. 이 셋을 구분하면 큰 도움이 되지요. 확신이란 내 의지력으로 지어낼 수 없는 감정입니다. 나는 시카고 컵스 야구팀의 팬인데요, 올해 이 팀이 우승하리라고 얼마나 확신할 수 있을까요? 사실 별로 확신할 수 없습니다. 이런 상황에서 더 깊은 확신을 쥐어짜 내려 한다면 지혜롭지 못한 일이겠지요. 확신은 지식의 부산물입니다. 그러니까 나는 더 알려고 힘쓸 수는 있지만, 의지력으로 확신의 감정을 지어내려 한다면 생각에 손상을 입습니다. 의지력으로는 확신을 제대로 지어낼 수 없음을 내 머리는 알고 있기 때문입니다. 확신은 공부와 지식의 산물입니다. 그래서 우리는 확신의 감정을 쥐어짜 내도록 사람들에게 압력을 가하거나 강요해서는 절대 안 됩니다. 천만부당한 일입니다.

헌신은 다릅니다. 나는 특정한 사람, 결혼 생활, 자식들, 어떤 대의에 헌신할 수 있습니다. 그 사람이나 결과에 대한 확신의 정도가 다를지라도 말입니다. 예수님과의 관계에서도 나는 늘 그분께 헌신할 수 있습니다. 그분이 명하시는 대로 하려고 애쓸 수 있습니다. 하지만 내게 있지도 않은 확신을 억지로 부풀릴 수는 없습니다. 적어도 곧바로는 안 됩니다.

질문: 이제껏 달라스는 책과 인터넷을 통한 나의 멘토였습니다. 하지만 복음서를 보면, 예수님은 일부러 직접 사람들과 함께 시간을 보내신 것 같습니다. 당신은 달라스의 멘토링을 받고 사람들을 제자로 양육하고도 있는데, 실제로 어떻게 양육을 하시는지요? 교육과정에 따라 가르친다고 생각할 때도 있습니다만, 달라스가 당신을 제자로 양육하면서 실제 했던 일들은 무엇이며 당신은 다른 이들을 어떻게 양육합니까? 그저 정보와 교리를 주는 것 말고, 실제로 어떻게 제자 양육에 임해야 합니까?

존: 내 경우, 다분히 달라스의 인품을 많이 접했습니다. 처음 대화를 나눈 곳도 그의 자택이었지요. 그때 나는 작은 교회에서 목회하는 새파랗게 젊은 목사였는데, 그와 마주 앉아 대화를 시작하

니 자꾸 전화벨이 울리더군요. 그때는 자동 응답기가 없던 시대였습니다. 그런데 그는 더 중요한 일이 전혀 없다는 듯 전화도 받지 않고 나와의 대화에만 집중했습니다. 함께 있을 때도 도무지 서두르는 법이 없었지요. 어떤 사람은 "나도 달라스의 시간대에 살고 싶다"고 말하기도 했습니다.

대체로 나는 그가 살아가는 방식을 지켜보며 **나도 저렇게 살고 싶다**고 생각하곤 했습니다. 물론 이따금씩 그가 읽으라고 권해 주는 책도 도움이 됩니다. 또 내 삶에 찾아오는 위기의 순간들도 있습니다. 내 평생 가장 괴로웠던 순간이 기억납니다. 잘 아는 몇 사람에게 정말 쓰라린 아픔을 털어놓았더니, 대체로 사람들은 동정과 지지를 보여 주었습니다. 고맙게 받았지요. 그러나 달라스에게 말했더니 오랜 침묵 끝에—그와 함께 있으면 늘 오랜 침묵이 있습니다—이 일이 내가 하나님을 향해 기쁨으로 확신을 갖게 할 시험이 될 거라고 하더군요. 그런 말을 할 사람은 내가 알기로 그밖에 없습니다. 정확히 맞는 말이고 내가 꼭 들어야 할 말이었지요. 그러니까 영적으로 형성된 중요한 관계가 있으면 위기의 순간에 연락하여 함께 대화할 수 있습니다. 이것은 정말 중요한 일입니다.

또 하나 말하고 싶은 것은 때로 우리가 '제자'라는 단어를 다르게 쓴다는 점입니다. 교회에서 우리는 한 사람이 다른 사람을 제자로 양육한다고 말합니다. 하지만 신약에는 한 사람이 다른 사람을 제자로 양육한다는 말이 없습니다. 신약에 비추어 보면, 우리는 다 예수님의 제자입니다. 제자 양육이란 한 사람이나, 한 프로그램이나 한 교육과정으로 할 수 있는 일이 아닙니다. 인생을 사는 법을 배우는 문제이기 때문입니다. 사실 우리는 늘 인생을 사는 법을 배우는 과정에 있습니다. 늘 빚어지는 중입니다.

제자 양육이라는 말을 잘못 쓰면 매우 제한된 교류와 프로그램으로 맺는 아주 좁은 관계처럼 들립니다. 또 그것으로 정말 영혼이나 영적 삶을 돌볼 수 있는 것 같아집니다. 실로 제자로 산다는 것은 상근직과 같아서, 주 7일 하루 24시간 내내 내 삶에 대해 생각해야 합니다. 그 점을 이해하는 것이 중요합니다. 다행히 내 주변에는 예수님을 알아 가거나 그 방향으로 나아가도록 돕는 사람들이 있습니다. 당연히 나는 그들에게 많이 의지하려 하지요.

끝으로 하고 싶은 말은 게리가 기독교 영성 형성을 위한 달라스 윌라드 센터와 협력하여 교회들을 돕고 있다는 것입니다. 제자도가 무엇인지 정말 실제적이고 지혜롭고 깊이 있게 알 수 있도록 말입니다.

질문: 고린도전서 13장과 베드로후서 1장 1-11절에서 변화된 사람의 모습이 어떠한지 찾아보았습니다. 변화된 모습과 영적 훈련의 상관관계가 궁금합니다. 저도 그렇게 되고 싶고요.

존: 변화된 사람의 기준을 경건 생활로 볼 위험이 상존합니다. 경건 생활은 목표가 아니라 수단입니다. 그 수단을 통해 이루려는 목표는 사랑입니다. 그래서 고린도전서 13장이 있는 거지요. 결국

변화된 사람이란 진정으로 하나님을 사랑하고 진정으로 사람들을 사랑하는 사람입니다.

그렇다면 문제는 사랑하고 기뻐하는 사람으로 힘써 변화되려면 수단이 무엇이냐는 것입니다. 교회에는 상존하는 위험이 있습니다. 이를테면, 교회에 얼마나 자주 가고 성경을 얼마나 읽고 소그룹에 얼마나 열심인지 평가하는 것입니다. 우리는 경건 생활을 기준으로 사람들의 영적 성숙을 측정하는데, 여기에는 문제가 있습니다. 예수님 시대에 경건 생활로 영적 성숙을 평가했다면 누가 최고였을까요? 바리새인들이겠죠. 영적 성숙을 가늠할 때 우리의 기준은 바리새인들이 따라올 수 없는 것이어야 합니다. 그렇지 않으면, 우리도 바리새인들을 만들어 내고 말 것입니다. 그리고 실제로 교회에서는 그런 일이 많이 벌어지고 있습니다. 대량생산을 하려고 모두에게 프로그램을 돌리기 때문입니다. 그래서 실제로 어떤 사람들을 길러 내는지 가늠하는 대신 경건 생활을 측정합니다.

3

하나님 나라에
들어가 사는 법

달라스 윌라드

주님, 주님께서 우리의 스승이 되어 주셔야 합니다.
여러모로 우리의 존엄성은 고갈되었기 때문입니다.
그동안 티끌처럼 취급당하면서 그렇게 굳어졌습니다.
스스로 만들어 낸 기준으로 자신을 평가하면서
그것이 우리에게 가치를 부여해 주리라 생각했습니다.
부디 각 사람을 만져 주소서.
주님 보시기에 얼마나 독특한 존재인지 알게 하소서.
주님 보시기에 우리는 심히 존귀하여서
주님조차 우리를 짓밟지 않으십니다.
주님은 우리를 부르시고 찾으시며,
그런 주님을 받아들이도록 우리를 도우십니다.
도와달라고 부르짖기만 하면 선뜻 우리를 만나 주십니다.
기도하오니 주님의 나라에서 우리 신분이 어떠한지 깨달아,
한없는 자유를 누리게 하소서.
그러면 예수님은 마냥 즐거워하시며
하늘의 천사들도 기뻐 뛸 것입니다.
그렇게 되게 하소서.
우리가 아멘으로 응답하는 것은 바로 그런 뜻입니다. 아멘.

— 달라스 윌라드

예수님은 우리를 쉬운 멍에로 초대하신다. 이 초대는 그분의 존엄성, 그분이 전하시는 지식, 그리고 우리에게 주시는 하나님 나라에 토대를 둔다. 따라서 우리가 전하는 초대는 지극히 본질적이고 독특한 것임을 알아야 한다. 다른 누구도 줄 수 없는 것이다.

나이가 들다 보니, 나는 오래된 찬송가를 모두 알뿐더러 지금도 즐겨 부른다.

저 죽어 가는 자 다 구원하고
죄악과 무덤서 건져 내며
죄인을 위하여 늘 애통하며
예수의 공로로 구원하네.

예수님은 사람들 무리를 보시며 마음이 찢어진다고 하셨다. 그들이 목자 없이 흩어져 헤매는 양 떼와 같았기 때문이다. 오늘 우리의 실상도 그렇다.

교회가 현시대의 필요에 부응하는 과정에서 바람직한 변화가 일어났다. 사역이 점차 모두의 일로 퍼져 나간 것이다. 우리가 깨닫고 있듯이, 사역이란 그리스도를 따르는 사람은 누구나 어느 자리에서든지 해야 하는 것이다. 하나님 나라에 살면서 세상 사람들에게 사랑으로 강력하고도 매력적으로 그 나라의 메시지를 전하는 일은 예수 그리스도를 따르는 모든 사람에게 주어지는 선물이다.

쉬운 멍에를 메고 살려면 지상명령을 따라야 한다. 지상명령대로 해야 교회가 **돌아가게** 되어 있다. 제자도에서 출발하여 제자들을 모두 삼위일체의 교제 안으로 이끌면, 일하시는 분은 삼위일체 하나님이시므로 우리는 지켜보면 된다. 그런 토대가 있으면 사람들을 순종으로 이끌기 쉽다. 하지만 그런 토대가 없으면 아예 불가능하다. 인간의 전통을 따르는 사람들만 만들어 내고 만다. 그들은 모종의 율법주의적 지시에 따르면서 자신에게, 어쩌면 다른 누구에게보다 더 냉혹하게 그것을 요구한다.

그러면 쉬운 멍에는 요원해진다. 그때부터 힘든 멍에를 메고 혼자서 짐을 끌어야 한다. 하지만 예수님이 전하신 하나님 나라에 대한 메시지 안으로 들어갈 때, 거기에는 쉬운 멍에가 있다. 비로소 우리는 하나님 나라의 전령이 되며, 더불어 설명하고 선포하는 역할도 감당한다.

예수님은 사역을 통해 세 가지 일을 하셨다. 삶의 형편과 무관하게 만인에게 하나님 나라가 가까이 왔음을 선포하셨고, 그 나라가 어떤 모습인지 가르치셨으며, 자연적으로는 설명할 수 없는 사건들을 통해 그 나라의 현존을 보여 주셨다. 그분은 이 일의 대가이시며, 우리에게도 들어와 각자의 자리에서 그 일이 일어나는 것을 보라고 초대하신다. 각자의 자리는 큰 교회일 수도 있고 작은 교회일 수도 있다. 사무실일 수도 있고 선출직 정치가의 직책일 수도 있다.

고금을 막론하고 변하지 않는 진리가 있다. 그리스도께서 그분의 사람들 속에 생생히 살아 계시면 그들이 사막에서 산다 해도 나라의 공직자들은 그들의 도움이 필요하다. 그래서 정부 관리들이 침묵 속에서 깔개를 짜며 사탄과 싸우던 사막의 성 안토니우스(St. Anthony)에게 갈 때, 지속적으로 왕래하던 길도 있었다.

중요한 진리는 우리가 전해야 할 하나님 나라 외에 해답이 없다는 것이다. 당신에게 주어졌고 또 당신이 주어야 할 것은 이토록 존엄한 것이니 고개를 높이 들라. 다른 원천은 없다. 따라서 "다른 이로써는 구원을 받을 수 없나니 천하 사람 중에 구원을 받을 만한 다른 이름을 우리에게 주신 일이 없음이라"(행 4:12)와 같은 구절을 좋은 곳에 들어간다는 의미로만 생각하면, 말씀의 진의를 다 놓치는 것이다.

구원은 곧 해방이다. 해방의 종류 또한 매우 다양하다. 덕분에 우리는 당당하게 살아갈 수 있고, 생수의 강이 우리를 통해 주변 모든 사람에게 흘러갈 수 있다. 그리고 결과를 지켜보면 된다. 결과는 우리가 만들어 내는 것이 아니며, 그 짐은 우리 몫이 아니다. 주님께서 알아서 하신다. 그분을 방해하거나 간섭하지 말고 맡겨야 한다. 그러면 결과를 볼 것이다. 쉬운 멍에의 실체를 깨달을 것이다. 지금부터 영원까지 각자의 자리에서 기쁨과 능력으로 살아갈 것이다.

내가 강조하고 싶은 주제는 하나님 나라에 들어가 사는 법이다. 메시지를 듣는 것만으로는 안 된다. 하나님 나라가 바로 여기에 있다는 말만으로도 안 된다. 그리고 이 메시지를 다른 역본으로 읽을 때 꼭 알아 둘 것이 있다. 하나님 나라가 가까이 왔으나 아직 여기까지는 오지 않았다는 뜻이 아니다. 곧 임하려는 참이나 아직 임하지는 않았다는 뜻이 아니다. 그 나라가 이미 당신 앞에 와 있다는 말이다. 누구든지 그리스도의 임재를 통해 알아차리고 그분의 제자가 되면 지금 그 나라를 누릴 수 있다. 하지만 진짜 문제는 어떻게 그렇게 되느냐이다.

하나님 나라가 여기 있으니 구하라

그렇게 되는 방법을 생각할 때, 유념해야 할 사실은 하나님 나라에 들어가는 일은 선물이라는 것이다. 하나님의 몫이 있고 우리의 몫이 있다. 하나님은 신실하셔서 자신의 몫을 다하신다. 중력과 아주 비슷하다. 중력 없이는 걸을 수 없으나, 그렇다고 중력이 걷게 만들어 주기를 기다린다면 평생 걷지 못할 것이다. 중력은 이미 존재하며 작용하고 있다. 하나님도 영과 진리로 그분을 예배할 사람들을 찾고 계신다. 무심하게 떨어져 관망하고 계신 분이 아니다. 그분은 적극적이다. 그리고 세상 속에 계신다. 하나님 나라에 들어가 사는 법을 알려면 이를 구하는 것이 핵심이다.

오늘날 많은 그리스도인에게 있어 문제는, 그리스도인이 되었으므로 이미 다 얻었다고 생각하고 더 이상 구하지 않는 것이다. 하지만 구하는 것이야말로 우리가 살아가는 방식이다. 우리는 구하는 것 이상을 벗어나지 못한다. 그리고 거기에는 다양한 차원이 있다. 그중 가장 중요한 차원으로, 하나님은 우리가 그분 자신을 원하기를 바라신다. 그분을 구하기를 바라신다. 그래서 우리를 일방적으로 밀어붙이지 않으신다. 다만 위로부터 오는 새 생명으로 곁에 계신다.

알아차리지 못했을지 모르지만, 요한복음 3장의 논의는 하나님 나라를 보고 거기에 들어가는 방법에 관한 것이다. 시점은 지금이다. 그런데 니고데모는 이해하지 못했다. 이스라엘의 지도자인데도 말이다. 그러나 예수님께 와서는 마치 아는 것처럼 말했다. 예수님은 그가 모른다는 사실을 알게 하셨고, 하나님 나라의 삶이 어떤 것인지 깨우쳐 주셨다.

은혜와 몇 가지 충격적인 말씀

은혜에 대한 위대한 가르침은 하나님 나라에 들어가 사는 법을 이해하는 근본이 된다. 에베소서 2장의 말씀대로 우리는 은혜로 생명을 얻었다. 죄와 허물로 죽었던 우리를 하나님이 살리셨다. 찰스 웨슬리(Charles Wesley)의 훌륭한 옛 찬송가에 내가 아주 좋아하는 소절이 있다.

옥에 갇힌 내 영혼 긴 세월
죄와 밤에 꽁꽁 묶여 있었네.

주 밝은 눈빛 나를 깨우니

어두운 감옥이 환히 빛나네.

하나님은 이런 분이다. 빛을 두루 퍼뜨려 누구나 누리게 하신다. 그러나 하나님은 우리가 그분을 구하기를 원하신다. 우리가 해야 할 몫이 그것이다.

우리가 알아야 할 가장 두렵고도 중요한 것 하나는 예수님이 우리를 대하시는 방식이다. 마태복음 13장에서 그분은 비유로 가르치신다. 곁에서 따르던 사람들의 질문에 깊이 공감이 간다. "어찌하여 그들에게 비유로 말씀하시나이까." 다시 말해서 "왜 진리를 일방적으로 밀어붙이지 않으십니까?" 우리 인간은 늘 그런 식으로 하기 일쑤이지만 그 방식은 통하지 않으며, 하나님의 계획에도 그런 방식은 없다.

예수님은 이사야의 이런 섬뜩한 말을 인용하신다.

너희가 듣기는 들어도 깨닫지 못할 것이요 보기는 보아도 알지 못하리라. 이 백성들의 마음이 완악하여져서 그 귀는 듣기에 둔하고 눈은 감았으니. (마 13:14-15)

보다시피 이것이 지금의 모습이다. 정말 두려운 것은 우리가 그렇게 해도 하나님이 그냥 두신다는 사실이다. 예수님이 인용하신 이

사야의 말은 이렇게 이어진다. "이는 눈으로 보고 귀로 듣고 마음으로 깨달아 돌이켜 내게 고침을 받을까 두려워함이라 하였느니라"(마 13:15). 제자들이 이렇게 말하는 것이 귀에 들리는 듯하다. "하지만 그거야말로 주님께서 원하시는 바가 아닙니까? 가장 좋은 일이 아닙니까? 그런데 어찌된 일입니까?"

하나님은 당신의 파티를 망쳐 놓지 않으신다. 당신이 깨어나기를 기다리신다. 자신의 일에 너무 파묻혀 있다면, 그분을 구하지 않을 것이다. 자신의 종교에 너무 도취되어 내 주관대로 이해하는 진리를 세상에 알릴 생각이라면, 그분을 제대로 구하지 않고 건성으로 구할 것이다. 건성으로 구해서는 결코 약속이 성취될 수 없다. 기억하다시피 그분은 "너희가 온 마음으로 나를 구하면 나를 찾을 것이요 나를 만나리라"(렘 29:13)고 말씀하신다.

하나님 나라에 들어가 살려면 다른 무엇보다도 그것을 원해야 한다. 기억하겠지만 예수님은 누가복음 14장에서 그 메시지를 되살리신다. 수많은 무리가 주위에 몰려들어 예수님이 베푸시는 유익을 누리고 있었다. 하지만 그들은 그분이 뜻하신 일을 위해 모인 것이 아니라 사사로운 유익을 얻고자 온 것이었다. 무슨 일이 일어나야 할지, 하나님이 무엇을 하셔야 할지 각자가 나름대로 생각을 품고 있었다. 그분에게 도움을 구한 정도가 아니라 자기 생각대로 예수님이 따라 주기를 원했다.

그때 예수님이 충격적인 말씀을 하신다. "너희가 자기 부모[를]…

미워하지 아니하면…"(눅 14:26 참조). 가족을 언급하여 인간적인 삶의 가장 핵심을 건드리셨다. 가정은 곧잘 깨어지고 사람들을 왜곡시키고 비뚤어지게 한다. 그러므로 가족 관계의 회복은 하나님 나라의 삶에서 벌어지는 가장 중요한 일 중 하나다. 예컨대, 내 경험상 부모님을 참으로 공경하는 일이야말로 그리스도인들이 가장 힘들어하는 일이다. 그런데 예수님은 그 핵심으로 파고들어 가 이렇게 말씀하신다. "…더욱이 자기 목숨까지 미워하지 아니하면 능히 내 제자가 되지 못하고."

많은 의미가 내포된 말씀이지만 내 생각에 기본 개념은 이것이다. "다른 뜻을 품은 사람은 능히 내 제자가 되지 못한다." 그런 사람은 눈이 감겨 있어 하나님 나라에서 살아가는 법을 배울 수 없다. 다시 한 번 말하지만, 나는 교회와 교회 지도자들을 비판하는 말을 삼가고 싶다. 하지만 그들이 무엇에 시간을 들이는지 보면 목적이 무엇인지 의문이 들기도 한다. 그들이 무엇에 공들이는지 보면 예수님이 성전을 정화하시고 또 이사야의 말을 인용하시던 일이 생각난다. "내 집은 만민이", 즉 모든 부류의 사람이 "기도하는 집이라"(막 11:17). 하지만 대다수 교회에서 기도는 최후의 방책으로 전락했다. 하나님 나라에서 사는 삶은 기도가 필수인데 말이다.

하나님 나라를 구한다는 것은 무슨 뜻인가?
예수님은 우리 몫을 다하도록 부르고 계신다. 우리 몫은 온 마음으로 하나님 나라를 구하는 것이다. 하나님 나라를 구하는 것이 우리에게는 최우선순위다. 무언가를 구하는 사람은 온 사방을 살핀다. 자동차 열쇠를 찾을 때처럼 말이다. 하나님 나라를 구하는 것도 그것과 같다. 하나님 나라를 구하려면 그 나라의 임재와 움직임을 살펴 찾아낸 다음 그 움직임에 동참해야 한다.

예수님은 마태복음 6장 33절에 "너희는 먼저 그의 나라와 그의 의를 구하라"고 말씀하신다. "그의 의" 곧 하나님의 의는 그분 나라의 특징이기도 하다. 따라서 하나님 나라와 그 나라의 의를 구하는 것이 최우선순위다. 당신의 자리에서 하나님이 무슨 일을 하고 계신지 알아내어 동참하라. 당신이 사실과 진리로 알고 있는 그 나라의 의를 따르라.

그렇다면 방법에 대해 말해 보자. 많은 경우 사람들은 평생 하나님 나라를 구하자고 노래하고 말만 하지 정작 방법이 없다. "어떻게 할지"가 빠져 있다. 종교 활동과 몇 가지 단편적 의(義)가 기본적으로 몸에 배어 있을 수는 있다. 하지만 하나님의 임재와 움직임 전체를 말하는 이야기는 아니다.

하나님 나라란 곧 움직이시는 하나님임을 기억하자. 즉 통치하시는 하나님이요, 하나님의 통치다. 하지만 정적이지 않고 동적이다. 하나님 나라는 우리 삶의 자리에서 그분이 하고 계신 일이며, 우리가 구하는 나라다. 지금 나의 자리에서 하나님이 하고 계신 일은 무엇인가? 내가 관계 속에서 한 개인을 대면하고 있다면, 하나님은 거기서 무슨 일을 하고 계시는가? 내 앞에 무엇이 보이는가?

디트리히 본회퍼(Dietrich Bonhoeffer)가 명저 『신도의 공동생활』 (*Life Together*, 대한기독교서회)의 첫 장에서 논했듯이, 그리스도인은 사람을 홀로 만나지 않고 늘 그리스도의 임재 아래서 만난다. 덕분에 우리는 서로를 판단하는 인간의 무서운 습성에서 벗어난다. 당신도 그런 습성에 익숙하지는 않은가? 이는 인간의 삶에서 가장 끔찍한 것 중 하나다. 오직 그리스도의 사랑과 현존하는 하나님 나라만이 우리를 거기서 헤어나게 할 수 있다. 우리는 사람을 만날 때 제일 먼저 상대에 대한 프로그램부터 돌린다. 안 지 오래된 사람일 수도 있고, 장소가 교회든 길거리든 관계없다. 외모와 품행과 기타 모든 요인을 종합하여 어떤 사람인지 판단을 내린다. 하지만 그러면 상대를 하나님 나라 안에서, 즉 그리스도 아래서 만날 가능성은 사라진다.

관계 속에서 타인을 대하는 것은 하나님 나라를 구하는 것이다. 상대가 내 원수라 해도 마찬가지다. 상대가 누구든 하나님 아래서 우리는 그 사람을 사랑하고 축복할 능력을 받았다. 가장 중요한 사람은 우리와 가장 가까운 사람들이다. 거기서 우리는 다른 데서는 깨닫지 못할 방식으로 하나님 나라를 알 수 있다. 그 나라는 우리가 타인들과 맺는 개인적 관계 속에 있다. 우리는 각자의 자리에서 하나님 나라를 구한다.

하나님은 그 과정에서 우리를 아낌없이 도우신다. 우리가 구해야 옛 사람에서 벗어나 새 사람이 되어 그리스도가 주시는 자유를 누릴 수 있기 때문이다. 우리가 할 것은 구하는 일이다.

변화는 하나님의 활동을 통해서 온다
성경 전체에서 가장 오용되는 본문 중 하나는 "그런즉 누구든지 그리스도 안에 있으면 새로운 피조물이라. 이전 것은 지나갔으니 보라, 새것이 되었도다"(고후 5:17)이다. 물론 어떤 의미에서 이 말씀은 진리이며, 그 뜻을 이해하고자 애써야 한다. 하지만 이 구절이 통상적으로 사용되는 방식이 잘못되었다. 우리는 한순간에 변하지 않는다. 하나님의 은혜와 도우심으로 감당할 수 있을 만큼 최대한 빨리 새 사람이 되려면, 스스로 구해야 한다. 따라서 우리는 주변 사람들의 차이를 인정해야 한다. 무조건 강요할 수 없기 때문이다. 시간을 주어야 한다. 그러므로 구해야 우리가 하나님께 반응할 수 있고 하나님은 우리에게 반응하실 수 있다.

역대하에는 특정 시기에 이스라엘 나라가 주님을 구하는 놀라운 대목이 나온다. 표현도 아주 귀하여 "여호와께서도 그들을 만나 주시고"(대하 15:4, 15)라고 되어 있다. 오즈의 마법사는 우리가 커튼을 발견하여 젖히고 자기를 찾아 주길 기다리지만 하나님은 다르다. 아니, 오히려 이 과정에 적극적이다. 그분이 선뜻 만나 주시지 않으면 우리는 그분을 만날 수 없다. 구해야 성장하고 변화될 수 있다. 주변 사람들도 마찬가지다. 구해야 성장하여 그리스도를 삶 속에 받아들일 수 있고, 그 성장이 지속되어 마침내 그리스도의 충만함에 이를 수 있다. 이런 충만함은 하나님의 임재 안에서 그분과 교류하며 살아가는 법을 배운 사람의 특징이다.

하나님 나라의 삶이란, 내 삶 속에 역사하시는 하나님과 함께 사는 것이다. 우리가 하나님 나라를 구할수록 그분이 내 모든 존재와 행위 속에 점점 더 임재하실 수 있다. 그럴 때 그분은 자유로이 활동하고 다스리고 인도하여 우리를 본연의 모습이 되게 하신다. 구하는 일은 이처럼 근간이 된다.

물론 여기서 핵심은 그리스도다. 모든 부류의 인간이 누릴 수 있도록 하나님 나라가 가까이 왔다는 그리스도의 선포는 일차적으로 그분 안에 현존하는 나라를 두고 하신 말씀이다. 하나님 나라는 그리스도를 통해 우리 곁으로 다가왔고, 당신과 나를 통해 사람들에게 다가간다.

기억하겠지만 예수님은 이후에 제자들을 보내시면서 곧 닥칠 일을 미리 일러두셨다. 그들이 영접받을 때도 있고 거부당할 때도 있겠지만, 어느 경우든 그분이 명하신 대로 "하나님의 나라가 너희에게 가까이 왔다"(눅 10:9)고 말해야 했다. 우리는 하나님 나라의 전령이다.

마음의 의

이 주제를 다시 존엄성의 범주에 넣기 바란다. 그리스도의 일꾼으로서 당신과 나의 존엄성은 우리 안에 그 나라를 품고 있다는 사실에 기인하기 때문이다. 우리는 그 나라에 대해 말만 하는 것이 아니다. 이것은 활동하는 현존이다. 우리의 첫걸음은 그리스도를 공부하여 우리의 사고를 그분으로 채우는 것이다. 하나님 나라에 들어가 사는 데에 가장 중요한 요지가 마태복음 5장 20절에 나온다. 이 구절을 모른다면 부디 공부하고 예수님의 말씀에 집중하기 바란다. "너희 의가 서기관과 바리새인보다 더 낫지 못하면 결코 천국에 들어가지 못하리라."

무슨 뜻인가? 서기관과 바리새인보다 더 나은 의란 무엇인가? 예수님은 행위의 의를 버리고, 인격을 구성하는 마음과 생각과 모든 영적 측면의 의로 넘어가야 한다고 말씀하신다. 그것이 서기관과 바리새인의 의보다 더 나은 의다.

그분의 예시를 보면 의미가 분명해진다. "나는 아무도 죽이지 않았으므로 의롭다"고 말할 수 없다. 오히려 문제는 다음과 같은 것들이다. 마음속으로는 죽이고 싶었는가? 또는 상대가 쓰러져 죽었다면 얼마나 고소해하거나 또는 안타까워하겠는가? 마태복음 5장의 엄청난 본문에서 예수님은 분노와 멸시를 다룬 후에야 거기서 파급되는 정욕 또는 욕심을 언급하신다. 이것이 서기관과 바리새인보다 더 나은 의의 핵심이다. 그들의 의는 아주 위협적이고 가혹하다. 사실 예수님도 서기관과 바리새인의 의에서 비롯된 박해 때문에 결국 십자가에 달리셨다. 그들의 의에 동조하지 않은 결과였다.

흥미롭게도 그들은 안식일을 범하는 것과 손 씻기와 소소한 식사 의식 따위를 지독히도 중시했다. 복음서의 싸움은 그런 것들을 중심으로 돌아간다. 예수님이 정말 중요한 문제들로 초점을 돌리려 하자 서기관과 바리새인은 떠나가 "어떻게 하면 이 자를 죽일 수 있을까?"를 논의했다. 예수님 주변에 있던 사람들은 정말 기이할 정도로 피에 굶주려 있었다. 서기관과 바리새인의 의는 인간을 그 지경으로 만든다. 일을 조작하게 하고, 자기 생각대로 풀리도록 힘을 들여 쟁취해야 한다. 그러려면 여기저기서 수시로 모여 "이 자"를 처치할 방도를 모색할 수밖에 없다.

하나님 나라를 경험하려면 서기관과 바리새인의 의를 뛰어넘어야 한다. 그래야만 그분과의 교류를 통해 변화되어, 내 삶 속에서 역사하시는 그분과 늘 함께 살아갈 수 있다. 행위의 차원과 행위로 규정되는 의의 차원에 머물러 있는 한, 하나님 나라의 진정한 활동이 벌어지는 곳으로 넘어갈 수 없다. 물론 많은 사람이 "그것은 별로 정교하지 못하다"고 말한다. 그런데 그래서 예수님이 아이들을 언급하시며 회개하고 어린아이처럼 되지 않는 한 천국에 들어갈 수 없다고 말씀하셨다.

우리는 회개하고 어린아이처럼 되는 법에 대한 설교를 많이 들었다. 하지만 그 말씀은 하나님을 대하는 방식에서 인간의 지혜를 버려야 한다는 뜻이다. 아이처럼 되려면 그것이 우선이다. 어린아이는 쓰레기차 소리가 나면 문간으로 달려가 "나도 쓰레기 치우는 사람이 되고 싶다"고 말한다. 엄마와 아빠는 그 말을 듣고 무슨 생각을 할까? '나중에 크면 생각이 바뀌겠지' 하고 생각한다. 하지만 하나님 나라에 들어가 살려면, 서기관과 바리새인의 의를 뛰어넘는 그 나라의 삶에 대한 직접적이고 즉각적인 열정이야말로 우선되어야 한다.

과감히 그리스도의 가르침대로 해 보자. 그것이 그 나라에 들어가는 방식이다. 친구여, 손해 보지 않을 유일한 조언은 이것이니, "예수 그리스도를 신뢰하라." 그분의 특정한 말씀이나 행위만 신뢰해서는 안 된다. 그리스도를 신봉하지만 그분을 신뢰하지 않는 사람이 많다. 나아가 그분이 믿었던 것을 믿지 않는다. 하지만 하나님 나라에 점점 더 깊이 들어가려면, 그분이 믿는 것을 믿고, 신뢰하고, 그대로 살고, 실천에 옮기고, 소중히 여겨야 한다. 그러려면 늘 그분께 생각을 고정해야 한다.

옛 율법은 우리에게 많은 유익을 준다. 여호수아 1장 8절은 성경에서 가장 중요한 구절 중 하나다. "이 율법책을 네 입에서 떠나지 말게 하며 주야로 그것을 묵상하여 그 안에 기록된 대로 다 지켜 행하라. 그리하면 네 길이 평탄하게 될 것이며 네가 형통하리라." 왜 그럴까? 본래 율법은 당신을 하나님 나라에 맞추어 주기 때문이다. 그래서 귀한 선물이다.

시류에 역행하는 삶

이것이 시편 1편의 주제다. 이 시에 등장하는 사람은 하나님 나라의 잔치를 즐기고 있다. 율법은 그러라고 있는 것이다. 힘든 곡예를 부리라고 있는 것이 아니다. 본래 율법은 우리에게 하나님 나라를 가리켜 보인다. 십계명을 절반만 지키려고 해 보아도, 이내 하나님의 자비 앞에 엎드릴 수밖에 없다. 모든 인간의 시류에 역행하는 삶이기 때문이다. 하지만 예수님이 능력을 주시기에 우리는 사안의 정곡을 꿰뚫을 수 있고, 스스로에게 부과한 온갖 의무에서 해방될 수 있다. 많은 경우 우리는 다른 사람들과 잘 지내보려고 자신에게 부담을 지울 때가 많다.

그래서 "나도 이렇게 돼야지. 나도 저렇게 돼야겠다"고 말한다. 하지만 이는 그리스도의 대변자인 우리에게는 치명적인 덫이다. 다른 사람들의 마음에 들려는 압박감에 계속 시달리기 때문이다. 그것이 우리 영혼을 짓누를 것이다. 그렇게 되지 않으려면 서기관과 바리새인의 의를 뛰어넘는 법을 배워야 하며, 우리의 말과 행동이 다른 사람들의 기대에 지배당해서는 안 된다.

사랑과 친절을 베풀고 함께 있어 주라. 다른 사람들을 있는 그대로 받아 주라. 그리고 거기서 더불어 살라. 그러나 사람들이 말하는 것을 따르지는 말라. 예수님도 서기관과 바리새인의 의에 대해 그렇게 말씀하셨다. "그들이 말하는 바는 행하고 지키되 그들이 하는 행위는 본받지 말라. 그들은 말만 하고 행하지 아니하며"(마

23:3). 이것이 인간의 비참한 상태다. 거기서 해방될 수 있는 길은 오직 하나님 나라에 있다.

성경 구절 하나를 언급하며 결론을 짓고자 한다. 아주 잘 아는 말씀이지만 지식이라는 정황에서 깊이 생각해 볼 필요가 있다. 예수님은 그분께 끌리기는 했지만 헌신하지는 못했던 사람들 무리를 대하시며, 이렇게 말씀하셨다. "너희가 내 안에 거하고 내 말이 너희 안에 거하면…"(요 15:7). 여기 "거한다"는 말은 포도나무에 "붙어 있다"고 할 때와 같은 단어다. 그분의 말씀 안에 거하려면 자신이 처한 자리에서 말씀을 실천해야 한다. 이것이 지식에 이르는 길이다. 예수님은 우리가 그분의 말씀 안에 거하면 진정 그분의 학생이라고 말씀하신다.

웃으며 걷는 길

이제 우리는 다시 학생 신분으로 돌아간다. 하나님 나라의 메시지에 반응하여 학생이 될 때, 우리는 성장하기 시작한다. 경험을 통해 쉬운 멍에를 배우고, 함께하시는 하나님의 활동을 삶 속에서 목격하며, 더 이상 내가 짐을 지지 않는다. 그래서 멍에는 쉽고 짐은 가볍다. 비록 짐이 막중하고 스스로 지려고 하는 유혹도 있겠지만, 예수님과 함께 멍에를 멨기 때문에 그 나라의 생명을 받아 그분과 함께 살아간다. 그럴 때 멍에는 쉬워지고 짐은 가벼워진다. 그러므로 당신은 그리스도의 대변자로서 주위에서 가장 활기찬 사람이 될 수 있다.

캘커타의 테레사 수녀는 함께 일하는 사람들을 훈련시키면서 웃음이 없는 사람은 그만두게 했는데, 아주 시사하는 바가 많다. 그들은 웃어야 했다. 물론 억지웃음은 삶을 짓누르는 율법주의가 될 수 있지만, 복된 그녀가 의도한 바는 그런 것이 아니었다. 각자의 자리에서 하나님의 선하심을 깨달을 때 찾아오는 진정한 웃음이었다. 당신이 이제 막 길에서 발견되어 죽어 가고 있다 해도 마찬가지다. 사랑의 품 안에서 죽어 가는 것이니 말이다. 그렇지 않은가? 이것이 하나님 나라다.

이와 같이 당신의 삶을 그분의 말씀 안에 두면, 당신은 진정 그분의 학생이며 진리를 알게 된다. 그 진리가 당신을 자유롭게 한다. 현실의 참된 이치인 진리를 깨우치면 자유가 따라오게 되어 있다. 그래서 웃을 일이 많다. 마지막에 남는 단어는 **기쁨**이다. 예수님은 "내 기쁨이 너희 안에 있[게]…하려 함이라"고 말씀하셨다. 그분의 평안과 사랑에는 기쁨이 따라왔다. 하나님 나라 안에 살면 당신이 생각하는 것보다 현실은 훨씬 나은데, 기쁨은 그 사실에 기초한다. 그것을 아는 사람은 기쁨을 누린다. 기쁨은 생기 안에 솟아나는 충만한 행복감이다. 나는 **생기**라는 단어가 참 좋다. 우리는 이 말을 치어리더나 온갖 우스꽝스러운 것과 결부시켰지만, 나는 옛 역본에 나오는 "생기를 가지라"는 예수님의 말씀이 참 좋다. 우리가 살아가는 하나님 나라는 그런 곳이다.

대담

달라스 윌라드와 존 오트버그

달라스: 생기를 가지십시오. 기운을 냅시다.

존: 좋은 생각입니다. 대부분의 목사는 설교나 예배가 끝나면 곧바로 묻습니다. "어땠습니까? 잘 끝난 것 같습니까? 내가 아직 잘해 내고 있지요?" 언젠가 당신이 우리 교회에서 말씀을 전하시던 때가 생각납니다. 끝나고 함께 주차장으로 걸어가는데, 오래된 찬송가를 부르시더군요. 마치 헬륨 풍선을 띄워 보내는 아이를 보는 것 같았습니다. 나에게도 그런 능력이 있기를 몸과 생각으로 바라고 있습니다. 뭔가를 하고 나서 그렇게 놓아 보내는 능력 말입니다. 그것이 곧 하나님 나라의 삶이겠지요.

거기서부터 시작해 봅시다. 기쁨이라고 하셨지요. 내가 당신과 가장 즐겨 하는 게임 중 하나가 단어에 대해 묻는 것입니다. 그러면 당신은 늘 정의를 준비하고 계시지요. 호메로스(Homer) 이후의 모든 사람이 했던 모든 말을 면밀히 살펴, 정확히 이해하고 구사하십니다. 그래서 당신이 쓰신 책은 때로 매우 집약적입니다. 우리 대부분에게는 없는 정밀함을 살려서 모든 단어를 쓰시니까요. 자, 그럼 기쁨에 대해 말해 봅시다. 기쁨을 충만한 행복감이라 말씀하신 이유가 무엇입니까?

달라스: 글쎄요, 기쁨은 비참한 상황 속에서도 한결같기 때문입니다. 이와 관련하여 내가 제일 좋아하는 구절 중 하나는 바울의 말입니다. 자신을 설명하면서 "근심하는 자 같으나 항상 기뻐하고"(고후 6:10)라는 대조법을 씁니다. 근심 중에도 기쁨이 한결같은 이유는 세상 전반의 참 이치를 하나님 아래서 깨닫기 때문입니다. 그것이 기쁨입니다. 알다시피 우리는 하나님을 기뻐하시는 존재로 생각하지 못합니다. 그만큼 신경 쓰실 게 아주 많다고 보는 거지요. 하지만 기뻐하시는 하나님이 없다면 우리는 달아나 숨는 편이 낫습니다. 정말 그렇지 않겠습니까? 기뻐하시는 하나님이 우주에 충만합니다.

존: 내가 생각하는 기쁨은 대개 다른 것입니다. 저녁노을이나 어린아이와 같은 것들이랄까요. 그런데 당신은 기쁨을 충만한 행복감, 즉 힘든 상황 속에서도 자신이 무사하다는 그런 인식과 연결시키는군요.

달라스: 기쁨은 하나님과 그분의 세계를 가장 잘 표현한 말입니다. 천지 창조도 기쁨의 행위였지요. 하나님은 완성된 작품을 좋게 보시며 기뻐하셨습니다. 인간의 가장 기쁜 순간도 창조의 순간

일 때가 아주 많습니다. 차를 고쳤든 페인트를 칠했든 기타 무슨 일이었든, 작품을 보면 그때 그 환희의 순간이 되살아납니다. 창조의 행위인 만큼 자꾸 다시 가서 보고 싶어집니다. 나는 손재주가 썩 좋은 편은 아니지만 뭔가를 만들고 나면 수시로 다시 가서 보곤 합니다. 우리가 지닌 이런 창조적인 면은 창조를 즐기시는 하나님과 맥을 같이합니다. 그러므로 기쁨이 만사를 관통하고 있음을 아는 것은 정말 중요합니다. 세상을 떠나는 순간을 큰 기쁨의 순간으로 기대하는 것도 중요하고요.

존: 그 말씀을 좀더 해 주시지요. 삶과 죽음, 그리고 사후의 삶에 대해서 말입니다.

달라스: 예수님이 가르치셨듯이 우리는 그분의 임재와 말씀을 통해 이미 하늘에 살고 있습니다. 그래서 누구든지 그분의 말씀을 지키면 인간이 생각하는 죽음을 결코 맛보지 않는다고 하신 겁니다. 이런 관점에서 보면 우리가 생각하는 죽음 너머에도 삶의 연속성이 있습니다. 물론 사람들의 임종을 보기는 합니다. 육체는 작동을 멈춥니다. 하지만 그들은 하나님의 임재 안에 지금처럼 계속 존재합니다. 내 생각에는 많은 사람들이 자기가 죽은 줄도 모르고 있다가 나중에야 뭔가 달라졌음을 알아차릴 것입니다. 존 헨리 뉴먼(John Henry Newman)이 지은 오래된 찬송가 "내 갈 길 멀고 밤은 깊은데"에 내가 아주 좋아하는 소절이 나옵니다. "밤 지나고 저 밝은 아침에 기쁨으로 내 주를 만나리." 이것이 연속성입

니다. 정말로 삶은 연속적입니다. 이미 우리는 하나님의 활동과 임재 안에서 그분의 사람들과 함께 살고 있습니다.

존: 지난주에 어떤 이가 보낸 G. K. 체스터턴(Chesterton)의 책 『정통』 (*Orthodoxy*, 상상북스) 끝 부분에 나오는 글귀를 받았습니다. 슬픔이 지금은 어쩔 수 없이 우리의 일부이지만 가장 중요한 부분은 결코 아니며, 삶 속에 편만한 하나님의 속성 때문에 인간의 본질은 기쁨이라고 말이지요. 그런데 우리가 살고 있는 세상은 그것을 반대로 보아서, 기쁨은 피상적이고 절망이 깊다고 생각합니다.

달라스: 맞습니다. 너무 많은 것들이 우리를 반대쪽으로 끌어당깁니다. 그래서 바울도 빌립보서에서 "주 안에서 기뻐하라"고 여러 번 말해야 했던 것입니다. 왜 주 안에서일까요? 거기에 기쁨의 근거가 있기 때문입니다. 그러므로 "주 안에서 항상 기뻐하라. 내가 다시 말하노니 기뻐하라"(빌 4:4).

존: 충만함도 거기서 오는 건가요?

달라스: 물론입니다. 하나님 나라의 삶에서 우리가 해야 할 몫은 주 안으로 돌아가는 것, 그리스도의 임재를 최대한 충만하게 유지하는 것, 무력한 우리를 도우시는 하나님의 은혜에 감사하는 것입니다. 우리는 주 안에서 기뻐합니다. 그것이 우리가 해야 할 일입니다. 저절로 되는 일은 아니지요. 다시 말하지만, 이렇게 우리 쪽에서 구하고 동참하고 협력하는 것은 하나님 나라의 삶에 필수 요소입니다.

존: 하나님 나라를 구해야 한다는 대목에서 이런 생각이 들었습니다. 텔레비전을 보거나 불쾌한 일을 그냥 피하는 등 어떤 면에서 기쁨을 너무 많이 구하거나 잘못된 기쁨을 구하는 것은 아닌가 하고요. 하지만 기쁨과 하나님과 창조를 말씀하시는 대목에서 다시 퍼뜩 이런 생각도 들었습니다. 어떤 면에서 우리는 기쁨을 충분히 구하지 않거나 매 순간 올바른 기쁨을 구하지 않는다는 거지요. 또 어떤 면에서 그런 이유로 우리가 하나님 나라를 사랑하지 않기도 하고요.

달라스: 불행히도 사람들은 하나님 나라에 대해 처음 들을 때, 자신의 모든 문제가 해결될 거라고 생각합니다. 복음서에서도 아주 명백히 볼 수 있고, 오랜 세월 직접 목격한 바이기도 합니다. 사람들이 생각하는 문제란 먹을 것이든 무엇이든 어떤 것에 대한 필요입니다. 물론 중요합니다. 그러나 하나님은 다 알고 계시며, 예수님도 큰 은혜로 사람들에게 먹을 것을 주셨습니다. 하지만 그것이 우리의 궁극적 필요는 아닙니다. 우리에게 절실히 필요한 것은 자신의 자리가 그리스도의 세상과 그분의 나라 안에 있음을 보는 것이고, 매사에 그분이 돌보아 주심을 아는 것입니다.

우리가 걱정할 일은 하나도 없습니다. 그런데 안타깝게도 온갖 비참한 일이 벌어집니다. 그러면 우리는 "이런, 내가 걱정할 일이 많구나. 이 사람들도 다 걱정할 일이 많구나"라고 합니다. 충분히 이해는 가지만, 해결책은 아닙니다. 해결책은 아무리 끔찍한 사건

속에도 하나님 나라의 현존을 인정하는 것입니다. 아우슈비츠에서 하나님은 어디에 계셨을까요? 아우슈비츠에 계셨습니다. 그분이 하셨어야 한다고 생각되는 일을 왜 하지 않으셨을까요? 그 질문의 답은 나도 모릅니다. 하지만 아우슈비츠를 비롯한 인간 역사에는 의미란 것이 있습니다. 하나님이 모든 일을 주관하십니다. 그분이 반드시 선과 의를 이루실 것입니다. 다만 우리는 큰 그림을 보아야 합니다.

존: 하나님 나라를 실제적으로 구하는 문제로 다시 돌아가 보겠습니다. 한번은 내가 그 주제로 말씀을 전했더니 어린 자녀들을 둔 엄마가 이런 말을 하더군요. 자녀가 없던 결혼 전의 시절이 하나님 나라를 구하기가 더 쉬웠다고요. 그때는 경건의 시간을 훨씬 더 오래 했는데 지금은 아이들이 방해가 된다고 합니다. 이것은 우리가 얽매이는 특정 시간, 특정 활동 중 한 가지만 예로 들었을 뿐입니다.

조금 이상하게 들릴지 모르지만 일터에서 하나님 나라를 구한다는 것은 무엇일까요? 놀 때에도 그 나라를 구한다는 것은 무엇일까요? 성과 정욕에 대해서도 잠깐 언급하셨는데, 우리는 그것의 어두운 면을 말할 때가 너무 많습니다. 가볍게 말할 뜻은 없지만, 남편과 아내가 섹스를 할 때는 하나님 나라를 구한다는 것이 어떤 의미일까요? 하나님의 임재와 실재를 그 속에 어떻게 실현합니까?

달라스: 그 모든 경우를 하나로 묶어서 답하자면, 모든 선한 일은

하나님의 활동임을 알아야 합니다. 성관계든 연애든 놀이든 그 자체가 하나님의 활동입니다. 하나님도 놀이를 하십니다.

존: 하나님이 놀이를 하신다고요?

달라스: 네. 창조도 하나님께는 놀이였습니다. 그래서 우리도 놀 때 경험할 수 있습니다. 놀이의 선한 부분에서 하나님을 보는 것이지요. 타락한 세상에서 쉬운 일은 아니지만요.

존: 놀이를 하시는 하나님은 생각해 본 적이 없습니다.

달라스: 그것 역시 약간 어렵습니다. 우리가 놀이를 잘 모르기 때문입니다. 놀이를 보고 싶거든 장난감 하나 없이도 잘 노는 어린아이를 보면 됩니다. 아이들은 그칠 줄을 모르거든요.

존: 딸이 어렸을 때 혼낼 일이 있으면 생각하는 의자에 앉히곤 했는데요, 한번은 딸이 거기 앉아 자꾸 해죽해죽 웃는 겁니다. 참다 못해 "너 뭐하는 거니?"라고 물었더니 "만화로 생각하고 있어요"라고 하더군요.

달라스: 정말 놀랍지요. 놀이하는 것은 인간의 기본적인 본성에 속합니다. 그런데 우리 어른들은 매사에 너무 심각하기 때문에 놀기가 무척 어렵습니다. 사사건건 결과를 만들어 내어 어떻게든 뜻대로 이루려다 보니 놀 줄을 모르는 거지요. 물론 일은 놀이와 연관되어 있습니다. 둘 다 창조의 영역이니까요. 일은 가치를 창출합니다. 일하시는 하나님과 함께 그 속에 들어가 그분의 활동을 지켜보는 능력이야말로 하나님 나라의 삶에서 큰 부분을 차지합니다.

존: 일이 가치를 창출한다면 놀이는 무엇입니까?

달라스: 글쎄요, 놀이가 필수적인 가치를 창출하지는 않지요. 그러나 전적으로 주님을 의지하면서 담대히 나아가야 합니다. 그다음 어떤 일이 벌어지는지 보십시오. 위대한 웅변가로 알려진 패트릭 헨리(Patrick Henry)는 문장마다 일단 서두를 던져 놓고 끝은 전능하신 하나님이 잘 맺게 해 주실 줄로 신뢰했다고 합니다. 그것이 창조입니다. 정말 하나님 나라에서 사는 것입니다. 우리도 그렇게 전적으로 하나님께 맡겨야 합니다. 대인 관계나 일터나 놀이에서도 그렇고, 다른 무엇보다도 사랑의 관계에서는 어쩌면 더 그렇습니다.

존: 이 부분에서 도움을 얻고 계신 이미지나 어구나 질문이나 기억나게 하는 장치가 있습니까? 내가 알기로 프랭크 루박(Frank Laubach)은 "매 순간의 싸움"에 대해 말하곤 했습니다. 시간 단위마다 하나님의 임재와 그분 나라에 대한 의식으로 돌아가고자 한 것이지요. 당신의 경우, 다양한 하루 일과 속에서 하나님 나라를 구하는 데 도움을 얻고자 실제적으로 행하는 일이 있습니까?

달라스: 사실 그런 것은 없습니다. 다만 자주 되돌아가 스스로에게 이렇게 묻습니다. "지금 이 일을 무엇에 의지하여 하고 있는가?" 이 질문은 특히 교회 지도자들에게 중요합니다. 주로 사람을 상대로 일하기 때문이지요. 나는 하나님의 임재 안에서 이 사람에게 다가가고 있는가? 즉 통제하려 하지는 않는가? 최선을 다하되 늘

하나님을 바라보는가? 내가 루박의 "매 순간의 싸움"을 아주 좋아한다고 말할 수는 없습니다. 내게 그것은 "예수 기도"("주 예수 그리스도시여, 이 죄인을 불쌍히 여기소서"를 반복하는 기도로 동방정교회의 전통에서 유래했다 – 옮긴이)와 약간 비슷합니다. 나도 예수 기도를 사용할 수 있지만 항상 그럴 수는 없습니다. 지속적인 기도를 좋아하긴 하지만, 그래도 나라면 종종 다른 표현을 쓰겠습니다.

영적인 삶에서 지나친 통제는 삼가는 것이 참 중요하다고 봅니다. 그런데 영성 형성에 대한 가르침이 자주 거기로 빠져 우려가 됩니다. 실제 건강한 정도를 벗어나 통제가 더 심해지거든요. 이때 놀이라는 요소가 필요한 것이지요.

존: 쉬운 멍에의 존엄성, 하나님 나라를 구하는 일의 존엄성에 대해 말씀하셨는데요. 존엄성이란 무엇이며 왜 중요합니까?

달라스: 존엄성이란 무엇과도 바꿀 수 없는 가치입니다. 임마누엘 칸트(Immanuel Kant)에 따르면 존엄성을 지닌 것은 무엇으로도 대체될 수 없습니다. 대부분의 물건은 값이 있습니다. 교환될 수 있다는 뜻이지요. 예를 들어, 치즈버거는 값이 있어서 가게 주인에게 돈을 주면 치즈버거를 내줍니다. 인간을 팔 수 없다는 신성한 원칙이 여태 건재하는 유일한 이유는 인간의 존엄성 때문입니다. C. S. 루이스가 대표작 『영광의 무게』(*Weight of Glory*, 홍성사)에서 그 문제를 논했고, 본회퍼도 『신도의 공동생활』에서 같은 주제를 다루었습니다.

모든 인간은 존엄합니다. 하지만 그 사실을 모르는 사람도 있고, 우리 사회에서는 흔히 인간의 존엄성이 일과 결부되는데 이를 무시하는 사람도 있습니다. 실직 상태가 왜 그렇게 비참한지 이해할 수 있을 겁니다. 고용은 일자리일 수도 있으나 단순한 일자리만은 아님을 이해해야 합니다. 고용은 가치를 창출합니다. 일도 그렇지만, 놀이도 그럴 수 있습니다.

하나님 나라에서는 누구나 그분께 전적으로 맡기고 자유로이 놀 수 있습니다. 귀용 부인(Madame Guyon)은 종교적 견해 때문에 수년간 옥고를 치렀습니다. 그녀는 감옥에 갇혀서도 찬송을 불렀고, 하나님이 자신을 그곳에 두신 것에 자족했음을 몇 편의 시로 지어 표현했습니다. 하나님과의 관계를 지켰기 때문에 자신의 존엄성도 지킬 수 있었습니다. 그것이 핵심입니다. 인간의 존엄성은 거기서 나옵니다. 인간이 존엄성을 상실한 것은 다분히 하나님으로부터 멀어졌기 때문이고, 또 서로를 공격하며 살아가기 때문입니다. 이렇듯 평가의 과정은 끊임없이 계속됩니다. 상대를 어떤 식으로든 평가하거나 판단하지 않고 만날 수 있는 것은 얼마나 큰 해방감을 주는지요. 하나님 나라에서는 가능합니다.

존: 인간을 존엄하게 대하는 곳을 찾기가 얼마나 힘든지 모릅니다. 존엄성이라는 단어를 생각하면 격식을 차린 사람이나 엄숙함이 떠오를 때가 더 많습니다.

달라스: 그렇습니다. 여태 우리는 그 개념을 그런 식으로 오용했습니다. 우리가 생각하는 존엄성은 인간의 태도와 통제에 종속된

무언가입니다. 사실은 그 모든 것보다 상위 개념인데 말입니다. 거기서 벗어나야 하며, 이를 위해서는 하나님 나라에 들어가야 합니다. 상대가 어떻게 생겼고 무슨 일을 겪었고 무슨 생각을 하는지 따위는 중요하지 않습니다. 우리가 만나는 상대는 하나님의 피조물입니다. 그 사람의 운명은 하나님께 있으며, 가히 믿어지지 않을 만큼 아주 고귀한 운명입니다.

그리스도의 대변자인 우리가 이것을 사람들에게 알리는 것은 매우 중요합니다. 인간은 수많은 방식으로 서로를 깎아내립니다. 살아가고 사람들을 대하면서, 할 수 있는 한 최선을 다해 그 모든 것을 끊어 내야 합니다. 나도 이 부분에서 수없이 많이 실패했습니다. 젊은 시절, 남을 평가하는 습성에 완전히 젖어 있었지요. 하지만 우리가 구하면 거기서 빠져나올 수 있습니다. 구하면 변화되어 달라질 수 있고, 하나님도 그 일을 도우십니다.

존: 하나님 나라를 구하려면 다른 무엇보다 그것을 가장 원해야 한다고 하셨지요. 어떤 사람이 이렇게 말한다고 합시다. "솔직히 다른 무엇보다 그것을 가장 원하는 것은 아니다. 나는 돈이 더 많거나 성공하거나 누군가의 사랑을 받았으면 좋겠다. 하나님 나라를 더 원하는 마음이 내게 없을 때가 많다. 그런 마음을 조작하여 만들어 낼 수는 없다." 우리도 다 그럴 때가 있을 텐데요. 그렇다면 이런 상태에 있는 사람은 어떻게 해야 합니까?

달라스: 전형적인 로마서 7장의 상태입니다. 우리의 삶과 인격 속

에는 워낙 잡다한 일이 벌어지고 있어서 모든 충동을 다 다스릴 수는 없습니다. 자신의 그 부분을 찾아, 나를 무너뜨리는 것이 무엇인지 알아내야 합니다. 솔직히 내가 다른 무엇보다 사람들의 호감을 사고 싶어 한다고 합시다. 이 문제를 해결하려면 성령과 함께 하나님의 말씀을 가지고 거기로 돌아가 문제를 바라보아야 합니다. 문제를 있는 그대로 바라보는 것도 회개의 중요한 부분입니다. 대개의 경우, 그렇게만 해도 문제가 힘을 잃기 시작합니다.

그러나 의지적으로 그렇게 해야 합니다. 그렇게 해도 안전하다는 사실을 믿어야 합니다. 여러분이 그동안 누군가로부터 그 사실을 배웠기를 바랍니다. 그러면 로마서 8장의 바울처럼 우리도 돌파구를 찾을 수 있습니다. 이를테면, 남들이 나를 어떻게 생각하든 별로 걱정하지 않는 상태에 이를 수 있지요.

존: 잠시 역할극을 해 봅시다. 대화를 하다가 내가 이렇게 말한다고 합시다. "나는 정말로 다른 무엇보다도 남들이 나를 좋게 생각해 주기를 더 원합니다." 이럴 때 내게 어떤 말로 도움을 주시겠습니까?

달라스: 그것을 원하는 이유부터 알아봐야겠지요. 왜 그것을 원하게 되었습니까? 당신이 아는 이들 중에 그런 것을 원하지 않는 사람에 대해서도 이야기할 수 있습니다. 어떻게 그것 없이도 잘 살아갈 수 있는지 따져 보는 거지요. 그렇게 하면 자아의 역동 속으로 조금씩 들어갈 수 있습니다. 불행히도 서기관과 바리새인의 종

교는 이 부분을 다루지 않지요.

존: 우리 교회들도 마찬가지인 것 같습니다. 그러려면 시간이 걸리거든요.

달라스: 시간도 걸리고, 자꾸 질문으로 돌아가야 하지요. 그런데 이것이 제자도의 과정입니다. 보다시피 이거야말로 우리가 제자들 모임에서 할 수 있는 일입니다. 무엇이 우리를 추동하고 사로잡고 있는지 함께 찾아내는 겁니다. 물론 우리를 사로잡은 것에 관해서는 다른 방식으로 해결해야 하는 경우도 있습니다. 하지만 대부분의 경우, 우리를 사로잡고 있는 것에 대해 제대로 생각해 본 적이 없습니다. "이것은 어디서 왔지?"라고 자신에게 물어본 적이 없습니다.

이것이 "솔직히 나에게는 무엇보다 먼저 하나님 나라를 구하려는 마음이 없습니다"라고 말하는 사람에게 우리가 해야 할 일입니다. 그것만으로도 커다란 진일보입니다. 그다음 이렇게 물을 수 있습니다. "당신이 구하는 것은 무엇이며, 왜 그것을 구합니까? 어떻게 하면 거기서 벗어나 하나님의 은혜로 그것을 내려놓을 수 있겠습니까?" 다 하나님의 은혜로 되는 일이기 때문입니다.

존: 평소보다 훨씬 더 솔직하게 마음을 열 길을 찾아야 한다는 말 같군요.

달라스: 아니요. 그저 가만히 듣기만 하면 됩니다. 물론 훨씬 더 솔직하게 마음도 열어야 하지요. 그런데 종교는 마음을 닫게 하고 부정직하게 하는 경향이 있습니다. 하나님 나라에 들어가면 그

나라의 구속(救贖)의 능력이 모든 것 속에 흘러들어 우리를 해방시키는 것을 느낄 수 있습니다. 마음이 닫혀 있고 부정직한 사람은 자신의 유익을 위해 다른 사람을 조종합니다. 그 유익이 무엇이며 배후의 동인이 무엇인지 알아야 합니다. 하나님께 나아가 도움을 구해야 하는 것은 말할 것도 없고, 도움이 될 만한 방법이라면 무엇이든 써서 극복해야 합니다.

이것은 매우 정연한 과정이라고 생각합니다. 변화를 원하는 사람은 거기에 도움이 될 만한 훈련을 찾아내지요. 훈련이 꽤 미련해 보일 때도 있습니다. 그런 면에서 수위가 높았던 예는 성 베네딕투스(St. Benedict)일 것입니다. 정욕의 생각에서 벗어나려고 가시밭에 몸을 내던졌으니까요. 그런 방법을 쓸 수도 있습니다. 하지만 가시밭을 넘어서 다른 방법도 찾아야 합니다. 늘 그런 것이 있지는 않으니까요.

재차 말하지만, 훈련은 창조의 영역입니다. 훈련은 율법이 아니라 모험입니다. 하나님 나라의 실재를 향해 과감히 나서는 것입니다. 아울러 우리는 다른 사람들에게서 방법을 배우는데, 그것 또한 우리를 해방시켜 줍니다. 결국 이 모두가 맞물려 있습니다. 우리는 훈련을 행하기만 하면 됩니다.

존: 웬만한 사람들은 **훈련**이라는 말을 들을 때 그런 것을 떠올리지 않습니다.

달라스: 그렇지요. 사실입니다. 안타깝게도, 사탄은―이렇게 간단

히 표현해도 될지 모르겠지만—모든 단어를 가져다 왜곡시킵니다. '영성 형성'도 그렇고, '제자도'도 그랬습니다. 일부 복음주의 진영에 영성 형성이 도입된 이유도 **제자도**가 완전히 의미를 잃었다는 우려 때문이었지요. 특히 신약에 있는 제자도의 의미에 관해서는 그 우려가 맞았습니다. 선량한 사람들이 선의로 제자도를 특정한 일들과 결부시켰기 때문입니다. 그중 다수는 예수님의 진실한 제자들이었지요. 그러나 결국 제자도는 율법주의에 종속되었고, 경건의 시간같이 특별한 것들이 굴레로 변하면서 열매를 맺지 못했습니다. 물론 열매를 맺을 수도 있지요. 하지만 열매를 맺을 수 없는 일에 열심히 공을 들인다고 해서 열매가 맺히지는 않습니다.

나를 찾아와 교회에 대해 불평하는 사람들에게 종종 해 주는 말이 있습니다. "그럼 그만 다니십시오." 대개 이 대답으로 그들은 엄청 충격을 받습니다. 교회 다니는 본래 목적이 무엇인지 알아야 합니다. 교회에 다니는 것은 참 좋은 일이며, 누구에게나 좋은 일이 될 수 있습니다. 하지만 강단에 선 사람들의 '공연'이나 모두가 완벽히 '교인 노릇'을 하는지 평가하려고 다닌다면 그렇지 않지요. 그럼 여기서 질문이 생깁니다. 『그리스도를 아는 지식』에서 논한 바 있는 "교회란 본래 무엇을 위해 존재하는가?"라는 질문입니다.

4 삼위일체 하나님을 아는
경험적 지식

존 오트버그

하나님, 우리를 지으시고 돌보아 주시니 감사합니다.
늘 우리와 함께 계시니 감사합니다.
비록 아주 조금밖에 이해하지는 못하지만
우리가 원하는 것은 다른 무엇이 아닌 하나님입니다.
일찍이 예수님과 같은 분은 없었습니다.
기도하오니 실로 그렇게 되게 해 주소서.
이 세상이 얼마나 절실히 하나님 나라가 임하기를 바라는지요!
우리 교회들에 얼마나 절실한지요!
우리에게 얼마나 절실한지요! 그 나라가 임하게 하소서.
예수님의 이름으로 기도합니다. 아멘.

—존 오트버그

인간이 왜 존재하는지 궁금했던 적이 있는가? 또 역사는 왜 존재하는가?

달라스는 이렇게 말했다. "인류 역사를 향한 하나님의 목적은 사람들이 사랑하며 이루는 모두를 포괄하는 공동체를 창조하는 것이며, 하나님 자신도 그 공동체를 붙드는 근원이자 가장 영광스러운 거주민으로 함께하시는 것이다." 그래서 역사가 존재하고 우리 모두가 존재한다. 하나님의 목적은 사람들이 사랑하며 이루는 포괄적 공동체를 창조하는 것이며, 그분 자신도 그 공동체의 근원이자 가장 영광스러운 거주민으로 함께 거하신다. 삼위일체의 교제와 공동체는 우리 안 깊숙한 곳에서 흐르고 있다. 그래서 일찍이 교회와 같은 것은 없었으며, 교회를 돌보는 청지기 역할이 그토록 중요하다.

하나의 교회, 세 분의 위격

예수님의 교회는 단 하나이며, 실재의 정말 깊은 부분으로 이어진다. 에베소서 4장 1-6절에 반복되는 단어는 하나님이 제일 좋아하시는 단어라 할 수 있다. 1절부터 보면 이렇다. "그러므로 주 안에서 갇힌 내가 너희를 권하노니 너희가 부르심을 받은 일에 합당하게 행하여 모든 겸손과 온유로 하고." 누구에게 이런 표현이 가장 어울리는지 궁금할 것이다. 본문은 다음과 같이 이어진다. "오래 참음으로 사랑 가운데서 서로 용납하고 평안의 매는 줄로 성령이 하나 되게 하신 것을 힘써 지키라[만들어 내는 것이 아니라 유지하는 것이다]. 몸이 하나요 성령도 한 분이시니 이와 같이 너희가 부르심의 한 소망 안에서 부르심을 받았느니라. 주도 한 분이시요 믿음도 하나요 세례도 하나요 하나님도 한 분이시니 곧 만유의 아버지시라. 만유 위에 계시고 만유를 통일하시고 만유 가운데 계시도다."

하나라는 단어가 계속 등장한다. 하나님은 세 분—성령, 성자 예수 그리스도, 성부—이면서 또한 한 분이시다. 교회에서 자라면서 나는 어떻게 하면 삼위일체를 잘 설명할 수 있을지 고민했다. 하지만 진짜 질문은 '삼위일체가 어떤 의미인가'이다. 이렇게 시작해 볼 수 있다. 삼위일체 안의 삶이란 어떤 것일까? 삼위일체를 인격체로 생각하면 도움이 된다. 인격은 삶과 실존의 가장 근본일뿐더러 인격이라는 단위는 나누어질 수 없기 때문이다.

삼위일체 안의 삶이란 어떤 것인가? 성부와 성자와 성령은 어떻게 서로를 경험하는가? 역설적이게도 예수님의 제자들 사이에 가장 자주 벌어진 논쟁은 누가 제일 크냐는 것이었다. 오래전에 "제일 위대하다"는 말이 늘 따라붙어 다니던 운동선수가 있었다. 무하마드 알리(Muhammad Ali)가 했던 이야기다. 한번은 비행기의 승무원이 그에게 와서 안전벨트를 착용하라고 했다. 그는 "아니요, 매지 않겠습니다"라고 말했다.

그녀가 말했다. "누구나 다 매야 합니다."

그가 답했다. "나는 안 매도 됩니다."

그녀가 다시 말했다. "아시잖아요. 매셔야 합니다. 안전벨트를 매지 않으면 비행기가 이륙할 수 없습니다."

그가 대꾸했다. "나는 슈퍼맨입니다. 슈퍼맨은 안전벨트를 맬 필요가 없지요."

그러자 그녀는 이렇게 말했다. "슈퍼맨은 비행기를 탈 필요도 없겠지요."

삼위일체 안의 삶

삼위일체 안의 삶이란 어떤 것일까? 서로 누가 가장 전지전능하고 연장자인가에 대해 논쟁을 많이 할까? 삼위일체의 이름에 세 분의 성품, 정체성, 역동, 실재가 들어 있다. 지금부터 성부와 성자와 성령의 이름 속으로 깊이 들어가 보자.

삼위일체 중 성령을 잠시 생각해 보라. 데일 브루너(Dale Bruner)는 『성령: 삼위일체 중 수줍어하시는 하나님』(*The Holy Spirit: Shy Member of the Trinity*)이라는 훌륭한 책을 썼다. 다음은 그가 성령에 대해 한 말이다.

> 신약에 나오는 성령 교리와 성령 체험을 연구하면서 발견한 가장 놀라운 사실 하나가 있다. 나는 그것을 성령의 수줍음이라고밖에 표현할 방법이 없다. 그러나 두려움에 떠는 수줍음은 아니다. 바울은 디모데후서 1장 7절에서 그분을 능력의 영이라 했다. 두려워하는 영이 아니라 변화의 영

이다. 남에게 관심을 집중하는 영이다. 우리가 흔히 경험하는 자기중심적 수줍음이 아니라 타인 중심적 수줍음이다. 한마디로 사랑의 수줍음이다. 사랑의 수줍음인 것이다.

신약에는 성령의 그런 특성을 보여 주는 본문이 많다. 예수님은 "보혜사 곧 아버지께서 내 이름으로 보내실 성령 그가 너희에게 모든 것을 가르치고 내가 너희에게 말한 모든 것을 생각나게 하리라"(요 14:26)고 말씀하셨다. 다시 말해, 성령은 사람들에게 예수님을 생각나게 하신다.

예수님은 또 이런 말씀도 하셨다. "그러나 진리의 성령이 오시면 그가 너희를 모든 진리 가운데로 인도하시리니 그가 스스로 말하지 않고 오직 들은 것을 말하며 장래 일을 너희에게 알리시리라. 그가 내 영광을 나타내리니 내 것을 가지고 너희에게 알리시겠음이라"(요 16:13-14). 즉 성령은 자신에게 사람들의 관심을 집중시키려고 아우성치지 않으신다. 일관되게 예수님께로 사람들을 집중시

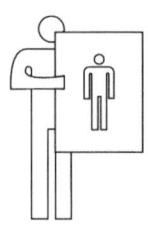

그림1.

키는 일을 하신다.

브루너는 성령의 사역을 그림1과 같이 표현할 수 있다고 했다. 성령은 "예수님의 말씀을 들으라. 그를 보라. 그에게 주목하라. 그를 사랑하라. 그를 따르라"고 말씀하신다.

브루너의 말처럼 성령은 늘 예수님을 가리켜 보이시고 예수님께 영광을 돌리신다. 그의 말을 더 들어 보자.

> 흔히들 성령을 가리켜 "삼위일체의 신데렐라"라고 한다. 성삼위 하나님 중 가장 경시된다는 뜻이다. 하지만 성령의 소원과 사역으로 우리는 예수님의 경이와 위엄과 적실성에 다시금 압도되고 전율하고 감격하고 사로잡힌다. 왕자 예수님이 자기 나라에서 영광을 받는다면, 성령은 무도회장 밖에서 신데렐라가 되어도 개의치 않는다.

예수님을 보면 알겠지만, 그분은 "내가 가장 크다"고 말하고 다니시는 분이 아니다. 오히려 이런 말씀을 하셨다. "내가 내게 영광을 돌리면 내 영광이 아무것도 아니거니와." 예수님은 섬김을 받으러 오신 것이 아니라 섬기러 왔다고 하셨다. 또한 그분은 성령께 복종하셨다.

모든 공관복음에 나와 있듯이 예수님은 성령에 이끌려 광야로 가셨다. 공관복음 중 첫 번째 저자는 마가일 텐데, 그는 우리가 아이를 몰아내듯 성령이 예수님을 광야로 몰아내셨다고 썼다. 마태와

4. 삼위일체 하나님을 아는 경험적 지식

누가가 그 표현을 뺀 이유는 우리에게 예수님의 독립성을 견지시키고 싶어서였을 것이다. 그분은 아버지께만 복종하신다. 친히 "내 원대로 마시옵고 아버지의 원대로 되기를 원하나이다"라고 말씀하신 것과 같다. 예수님도 똑같이 수줍음이 많으시다.

끝으로, 성부가 계신다. 공관복음에서 그분의 음성은 두 번 들려온다. 한 번은 예수님이 세례를 받으실 때였고, 한 번은 산에서 변화되셨을 때였다. 두 번 다 아버지는 사실상 이렇게 말씀하셨다. "이는 한없이 소중한 내 아들이다. 나는 그를 마냥 기뻐한다. 그의 말을 들으라. 그에게 주목하라. 그를 사랑하라. 그를 따르라." 여기서 주목할 만한 점은 하늘의 음성이 이렇게 말하지 않았다는 것이다. "그의 말을 들은 뒤에 내 말도 들으라. 나도 여기 있음을 잊지 말라. 나는 아버지니 나를 기억하라. 내 아들에게 너무 푹 빠지지 말라." 성부 하나님도 수줍음이 많으시다. 신성한 삼위일체가 모두 수줍어하신다. 삼위일체의 각 위격은 은혜롭고 영원한 사랑의 원 안에서 이타적이고 충실하게 서로를 가리켜 보이신다.

예전에 어느 그리스도인 집회에서 주 강사가 했던 말이 생각난다. 하나님이 인간의 교만을 미워하시므로 우리는 교만해서는 안 된다고 말이다. 그러면서 하나님은 자만하실 수 있다, 그래도 괜찮다, 그분은 하나님이니까, 그럴 권리가 있다고도 했다. 하지만 이것은 하나님을 우리의 형상대로 고쳐 만드는 또 하나의 예에 지나지 않는다. 삼위일체의 실재란 이것이니, 곧 존재나 실재의 핵은 양자

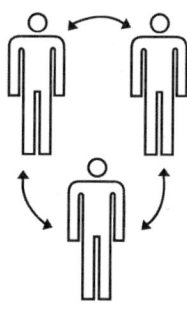

그림2. 삼위일체

나 중성자나 입자가 아니다. 실재의 핵은 이런 원이다.

이것은 성부와 성자와 성령의 원이다. 아들은 아버지께 복종하시고, 아버지는 아들을 기뻐하며 영화롭게 하시고, 아들은 성령에 이끌리시고, 성령은 모든 사람에게 아들을 기억나게 하신다. 아버지는 또한 성령을 보내신다. 이 겸손하고 온유한 공동체는 끝없이 영원하다. 앞서 바울이 에베소서에 했던 말이 여기에 다 해당된다. 이것이 서로 함께하시는 삼위일체의 모습이다. 곧 실재다. 존재의 가장 깊은 본질이다.

하나님의 형상인 인간

하나님은 당신과 내가 상상하지 못할 정도의 깊은 겸손, 섬김, 상호 복종, 기쁨이 있는 공동체 안에 아버지와 아들과 성령으로 존재하신다. 하나님은 세 분이면서 또한 한 분이시다. 한 분이신 하나님이 인간을 자신의 형상대로 지으셨다. 창세기에 보면 아담과 하와는 둘이었지만 둘이 한 몸이 되었다. 둘이면서 또한 하나였다. 보다시피 우리는 하나님의 형상대로 지음받았기에 하나로 연합할 역량도 있다. 여러 사람의 연합이 한 개인보다 훨씬 더 아름답고 풍성하다. 하나님은 삼위일체이시므로 결코 외롭지 않으시다. 더 필요하신 것도 없다. 삼위일체 사이에만도 엄청난 기쁨의 세상이 있다. 그런 그분이 우리를 지으실 때도 같은 역량을 주셨다.

연애 시절에 함께 피크닉을 갔을 때, 나는 지금은 아내가 된 낸시(Nancy)에게 셰익스피어의 시 한 대목을 읊어 주었다.

둘의 사랑이 본질상 하나이듯
그들은 그렇게 사랑했다.
둘이 별개이되 나뉘지 않았으니
사랑 안에서 숫자는 죽임을 당했다.

낸시는 멀뚱멀뚱 나를 쳐다보기만 했다.

시에 담긴 개념인즉슨, 그들이 서로를 어찌나 사랑했던지 양쪽의 사랑이 본질상 하나였다는 것이다. 사고와 의지 등이 별개인 두 사람이었으나 분열은 없었다. "나뉘지 않았으니/ 사랑 안에서 숫자는 죽임을 당했다." 이는 수학의 논리보다 더 심오한 논리로, 삼위일체도 마찬가지다. "사랑 안에서 숫자는 죽임을 당했다." 셋이지

만 하나다. 셋은 그렇지 않을 때보다 연합할 때 무한히 더 풍요롭
고 좋고 깊고 기쁨이 넘친다.

잃어버린 공동체

우리는 그것을 누리도록 지음받았다. 그런데 타락하여 에덴동산
을 떠날 때 잃어버렸다. 그렇게 공동체를 상실했다. 창세기를 따라
가 보면 **에덴의 동쪽**이라는 말이 계속 나온다. 결국 우리는 에덴
의 동쪽에 다다른다. 동쪽은 이스라엘의 적들이 있던 곳이다. 불
의와 폭력과 적의가 있던 곳이다. 그래서 늘 에덴동산을 사모하고,
연합을 동경한다.

행복하게 결혼 생활을 하는 것을 볼 때, 조금은 부러운 마음이
들 것이다. 정말 친한 부모와 자녀 사이를 볼 때도 마찬가지일 것
이다. 이렇게 우리에게는 연합을 갈망하는 마음이 있다. 온라인 중
매 사이트나 최고의 결혼이나 애교심이나 회사를 통해서는 채울
수 없다. 본래 그렇다.

하나님은 풍성한 연합 속에서 자신의 형상대로 인간을 지으셨
다. 인류가 타락한 후, 아들은 이 땅에 오셔서 제자들을 위해 이렇
게 기도하셨다. "내가 비옵는 것은 이 사람들만 위함이 아니요 또
그들의 말로 말미암아 나를 믿는 사람들도 위함이니." 당연히 우
리가 거기에 해당한다. 이어 그분의 놀라운 말씀이 나온다. "아버
지여, 아버지께서 내 안에, 내가 아버지 안에 있는 것 같이 그들

도 다 하나가 되어 우리 안에 있게 하사 세상으로 아버지께서 나를 보내신 것을 믿게 하옵소서. 내게 주신 영광을 내가 그들에게 주었사오니"(요 17:20-22). 정말 믿기 어려운 일 아닌가? 그런데 그것이 전부가 아니다.

> 내게 주신 영광을 내가 그들에게 주었사오니 이는 우리가 하나가 된 것 같이 그들도 하나가 되게 하려 함이니이다. 곧 내가 그들 안에 있고 아버지께서 내 안에 계시어 그들로 온전함을 이루어 하나가 되게 하려 함은 아버지께서 나를 보내신 것과 또 나를 사랑하심 같이 그들도 사랑하신 것을 세상으로 알게 하려 함이로소이다. 아버지여, 내게 주신 자도 나 있는 곳에 나와 함께 있어 아버지께서 창세 전부터 나를 사랑하시므로 내게 주신 나의 영광을 그들로 보게 하시기를 원하옵나이다. (요 17:22-24)

그리고 달라스는 이렇게 말했다.

> 삼위일체를 믿는 유익은 정답을 알아서 하나님께 A학점을 받는 그런 것이 아니다. 삼위일체를 믿는 유익은 삼위일체가 실재인 것처럼 사는 삶이다. 무엇보다도 우리를 둘러싼 우주가, 실로 사랑과 지식과 능력이 무한한 지극히 놀라운 인격적 존재들의 공동체인 것처럼 사는 삶이다.

연합의 회복

그렇다면 우리를 이 교제에 동참시키려고 하나님이 치르시는 대가는 무엇인가? 아들은 이렇게 말씀하신다. "내가 하늘을 떠나 땅으로 가겠다. 나 자신이 손해를 보겠다." 이것이 사랑이다. 그래서 예수님은 제자들에게 "새 계명을 너희에게 주노니 서로 사랑하라"(요 13:34)라고 말씀하신다. 왜 새 계명일까? 사실 이웃을 사랑하라는 계명은 아주 오래된 것이다. 당연히 새로운 부분은 예수님이다. 이제 우리는 예수님 안에서 하나님의 사랑을 본다. 그분은 인간을 삼위일체의 교제 안에 들어오게 하시려고 손해를 자청하신다.

우리는 영영 다 이해하지 못하겠지만, 예수님은 이렇게 말씀하셨다. "내가 영원 전부터 누리던 완전한 연합을 떠나 인간처럼 되겠다. 인간의 깨어지고 타락한 모습, 외로움과 죽음을 대신 담당하겠다." 아버지는 이렇게 말씀하신다. "내가 말할 수 없이 사랑하는 내 아들을 주겠다. 그가 상하고 버림받고 죽임을 당하게 하겠다. 그의 고통은 곧 나의 고통이 될 것이다."

나도 아들이 하나 있는데, 그런 일은 가히 상상할 수도 없다.

성령은 이렇게 말씀하신다. "나는 대체로 소리도 없고 보이지도 않게 이 땅에 부어지겠다. 인도와 지도를 제의할 뿐 스스로 높아지지 않고 늘 성자 예수님을 가리켜 보이겠다." 성령의 감화는 다분히 무시되거나 거부당할 것이다. 성령은 스러질 것이며 근심하실 것이다. 그래도 성령은 말씀하신다. "내가 이 대가를 치르는 것은

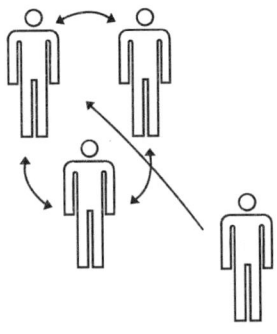

그림3.

누구든지 우리의 교제에 들어올 수 있게 하기 위해서다."

우리는 성령의 은혜로운 사역을 통해 그 사랑의 교제에 초대받았다. 세 분 하나님이 각각 엄청난 대가를 치르셨음은 물론이다.

그림3에 보면 우리는 삼위일체의 교제 밖, 즉 외로움과 죄 중에 있다. 그런데 그분이 "그들도 우리 안에 있게 하리라"고 말씀하신다.

교회 안의 연합

그래서 예수님은 말씀하시기를 몸 된 교회 안에 연합이 있을 때 세상은 안다고 하셨다. "그들로 온전함을 이루어 하나가 되게 하려 함은 아버지께서 나를 보내신 것[을]…세상으로 알게 하려 함이로소이다"(요 17:23). 그냥 우연히 나온 말씀이 아니다. 이런 연합과 공동체야말로 하나님의 서명이기 때문이다. 예수님은 "그들에게 모든 적을 논쟁으로 이길 힘을 주소서"라고 하지 않으셨다. "문화를 변화시키는 능력을 주소서"라고도 하지 않으셨고, "정말 멋진 예배를 허락하소서"라고도 하지 않으셨다. 실재가 존재하는 기초는 삼위일체의 교제다. 우리는 그분이 치르신 값비싼 대가를 통해 거기로 초대받았다. 거기가 우리의 안식처다.

이것은 달라스의 또 다른 명언과 연결된다. "교회는 그리스도께서 세우시기에, 그리스도인, 그리스도를 따르는 사람, 지도자, 특히 목회자는 행동하시는 삼위일체의 한가운데서 안식하며 즐거이 섬긴다." 목회자는 안식하며 즐거이 섬긴다.

교회의 모든 지도자는 자신의 최종 팀이 누구인지 정해야 한다. 팀장이 되어 팀을 이끌 수 있으나, 동시에 다른 팀장들의 팀에 속해 있다. 패트릭 렌시오니(Patrick Lencioni)에 따르면 내가 속할 최종 팀은 내 위에 계신 팀원들로 이루어져야 한다. 그렇지 않으면 나는 내 팀을 이용하여 스스로의 권력을 강화할 수 있다. 교회나 공동체나 기업이나 기타 집단이 그냥 사장되거나 영역 싸움과 정치에 빠지지 않으려면, 최종 팀은 우리 모두의 상위 팀인 삼위일체 하나님이 되어야 한다.

내가 목회자라면, 내 최종 팀은 삼위일체의 교제다. 궁극적 충성의 대상도 그 교제이고, 내 근본적 정체성도 그 교제의 일원이다. 내 삶을 돌아보는 기준도 삼위일체의 교제에서 온다. 다른 어떤 팀도 그보다 상위에서 내 정체성을 규정하거나 내 행위를 평가할 수 없다. 그렇다면 나는 평소에 삼위일체 가운데서 늘 안식하며 즐거이 헌신하고 있는가?

몇 년 전에 아내 낸시가 침실 문을 닫으며 말했다. "당신한테 할 말이 있어요." 그러고는 목록 하나를 내밀었다. 아내는 목록이 아니라 메모라고 하겠지만, 번호가 매겨져 있었으니 나는 목록이라 하겠다. 아내가 말했다. "우리 결혼 생활이 최상일 때", 즉 삼위일체의 교제를 닮았을 때는 "서로를 대등하게 섬긴다고 느껴요." 그러면서 결혼 생활 초기, 특히 아이들이 어렸던 시기-어느 가정이든 가사 분담이 큰 문제가 되는 시기-를 상기시켰다. 그러나 나로서는 힘을 직장에 다 쏟았다는 말이 쉽게 나왔다. 그러자 아내는 공동체의 친밀함이란 섬김을 기초로 세워진다고 일깨웠다. 단순히 일 처리가 아니라 서로를 섬기는 삶이라는 것이다.

아내는 늘 이렇게 말했다. "나는 당신이 집안일로 섬길 때 당신에게 매력을 느껴요. 당신이 청소할 때 애정을 느끼고, 설거지하는 당신을 보면 로맨틱해져요. 아이들을 목욕시켜 주는 당신에게는 육체적 욕망을 느껴요." 나는 하루에 서너 번씩 아이들을 목욕시키곤 했다. 밤늦게 퇴근해서도 마찬가지였다. "얘들아, 이리 와. 어서 욕조에 들어가라."

그날 아내의 말은 이랬다. "결혼 생활이 제대로일 때는 당신과 내가 서로 동등하다고 느껴요. 그런데 지금은 그것이 사라지고 있어요. 나는 섬기는데, 아이들은 당신을 함께하는 이로 보지 않아요. 결혼 생활이 최상의 상태일 때는 우리가 서로를 똑같이 안다고 느껴요. 당신도 나도 서로의 하루를 자세히 알지요. 하지만 지금 나는 당신의 일에 대해 많이 알지만, 당신은 내 일에 대해 잘 몰라요. 결혼 생활이 제대로 돌아갈 때 당신은 기쁨이 많고 온화해요. 그 남자가 그리워요. 나는 그 남자가 필요해요."

나는 대뜸 이렇게 대꾸했다. "알아요. 무슨 말인지 압니다. 나도 그 남자가 그리워요. 하지만 이렇게밖에 말할 수가 없네요. 나는 할 일이 너무 많아요. 답을 모르겠는 의문들이 넘쳐 나고 문제들은 또 얼마나 많다고요. 바로 눈앞에 닥쳐온 것같이 느껴져요. 그러니 이렇게 살게 두세요. 다만 내가 최선을 다하고 있다는 것만 알아줘요."

최선을 다하고 있다고 말하면 대개 상대방도 이렇게 답하기 마련이다. "그렇다면 어쩔 수 없지요. 더 할 말이 없네요." 하지만 낸시는 곧바로 이렇게 답했다. "아니요. 당신은 전혀 최선을 다하고 있지 않아요. 영적 스승과 이 문제에 관해 대화해 보세요. 전문 코치를 고용하거나 상담자를 만나 보든지요." 그렇게 몇 가지 방안을 제시했다. "아니요. 당신은 최선을 다하고 있지 않아요."

나도 아내의 말이 옳다는 것을 알았다. 한동안 아내에게 내색하지 않았지만 속으로는 알고 있었다. 그러면서도 이렇게 생각했다. '언젠가는 문제가 해결되겠지. 이 의문에 답도 알게 되겠지. 저 문제도 그렇게 되겠지.'

매 순간을 하나님과 함께하는 삶

하지만 하나님 나라는 지금 누리는 것이다. 다른 무엇보다도 하나님 나라를 원하기만 하면 된다. 삼위일체는 바로 여기 계시다. 기다리거나 노심초사할 필요가 없다. 문제를 미리 다 해결해야 하는 것도 아니다. 사실, 세상을 향해 이렇게 말할 수 있다. "좋다, 얼마든지 해 보라. 아무것도 하나님 나라와 나를 끊을 수 없을 테니 말이다." 다른 무엇보다도 그것을 원하기만 하면 된다. 이렇게 말하기만 하면 된다. "이 순간 하나님의 도우심으로 내가 거부하노니, 아무것도 나를 그것과 갈라놓을 수 없다."

그즈음 우리 부부는 장기 휴가를 냈다. 덕분에 나는 하루 동안 달라스와 제인(Jane) 부부를 찾아가 긴 대화를 나누었다. 그러던 중 내가 물었다. "달라스, 어떻게 하면 우리 교인들의 영적 성장을 도울 수 있을까요? 그들이 지금보다 더 성장했으면 좋겠거든요. 어떻게 해야 할까요?"

즉시 답변이 돌아왔다. "하나님과 함께하는 일상생활 속에서 깊은 자족과 기쁨과 확신을 경험하도록 당신의 삶을 조정해야 합니다."

이런 생각부터 들었다. '나에 대해 물은 게 아니라 **우리 교인들**의 성장을 도울 방법을 물은 건데. 그들이 읽어야 할 책은 무엇인지? 어떤 프로그램을 돌려야 하는지? 우리에게 필요한 예배는 무엇인지?'

그는 말을 이었다. "당신이 교회에 내놓는 가장 중요한 것은 당신이라는 사람입니다. 모두가 보는 것도 그것이고, 재생산되는 것도 그것이고, 교인들이 믿는 것도 그것입니다. 그러니 하나님과 함께 하는 일상생활 속에서 깊은 자족과 기쁨과 확신을 경험하도록 당신의 삶을 조정하십시오." 장로들의 일, 아내의 일, 친구들의 일, 교인들의 일, 교역자들의 일이 아니다. 내 교회나 내 세상이나 내 삶 속의 모든 것이 일정 수준의 변화에 도달할 때까지 기다려서는 안 된다. 이것이 곧 삼위일체 사이의 삶이다. 나부터 자원해서 그곳을 향해 간다면, 그 결과 삼위일체 하나님과 끊임없이 교류하며 자라가는 초자연적 사랑의 공동체가 싹튼다.

가장 중요한 비전

"목사들과 교회 지도자들은 왜 이렇게 끝이 안 좋을 때가 많을까요? 결국 도덕적 실패라는 수렁에 빠지고 맙니다." 내가 기억하기로, 달라스에게 그렇게 물은 사람은 워싱턴에 있는 세이비어 교회의 고든 코스비(Gordon Cosby)였다. 이에 대한 달라스의 답변이 소책자로 나왔다가—내가 수없이 많이 읽은 책 중 하나다—나중에 『잊혀진 제자도』(The Great Omission, 복있는사람)에 "하나님을 보는 비전 안에 살아가는 삶"이라는 장으로 수록되었다. 달라스에 따르면, 사람이 하나님을 위해 큰일을 할 때 시작은 늘 비전에서 비롯된다. 하지만 비전은 내가 하려는 일, 우리가 하려는 일이 아니다. 하나님과 그분의 선하심을 보는 비전이며, 하나님의 우주 안에 사는 내가 얼마나 복된지를 보는 비전이다.

그것이 가장 중요한 비전이다. 비전은 교회들이 성취하려는 일이나 뭔가를 변화시키는 방법이 아니다. 비전이 제대로 작용하면 우리는 계속해서 그곳으로 돌아간다. 희소식을 되새기듯이 생각이 계속해서 거기로 돌아간다.

예를 하나 들어 보겠다. 고등학교 때 한 친구가 다가와 어느 예쁜 여학생이 나를 좋아한다고 했다. 나는 "사실인지 믿을 수 없다"고 말했다.

친구는 "나도 사실로 믿어지지 않지만 그래도 사실이야. 정통한 소식통한테 전해 들었어"라고 했다.

그날 나는 밤새도록 그 생각을 떨칠 수가 없었다. 이튿날 그 여학생에게 전화해서 확인하니 사실이 아니었다. 하지만 사실이라고 생각했던 그때는 정말 행복한 하룻밤이었다.

비전이란 그런 것이다. 비전이 제대로 작용하면 그 생각을 떨칠 수가 없다. 너무 좋아서 자꾸 거기로 돌아간다. 예수님도 그렇게 말씀하셨다. "천국은 마치 밭에 감추인 보화와 같으니 사람이 이를 발견한 후 숨겨 두고 기뻐하며 돌아가서 자기의 소유를 다 팔아 그 밭을 사느니라"(마 13:44).

예수님은 비전의 역동을 거듭 돈에 빗대어 설명하신다. 우리처럼 타락한 인간이 자발적 갈망을 이해하는 가장 쉬운 방법이기 때문이다. <누가 백만장자가 되고 싶은가?>라는 텔레비전 쇼가 있는데, 거기에는 "되고 싶지 않은 사람이 누가 있겠는가?"라는 답이 암시되어 있다. 누가 하나님 나라 안에 있고 싶은가? 예수님이 물으신다. 이것이 비전이며, 그 비전에서 하나님을 위해 정말 선한 일을 하려는 갈망이 생긴다. 순전히 사랑에서 비롯된다.

비전은 놀라운 결과를 낳는다. 우리는 아시시의 성 프란체스코(St. Francis of Assisi)나 존 웨슬리(John Wesley)를 비롯한 비전의 사람들을 보며 감동한다. '나도 저렇게 되고 싶다'고 생각한다. 하지만 막상 그렇게 되기 시작하면, 관점은 비전에서 임무로 바뀐다. 더 이상 하나님 나라의 삶이라는 비전에 집중하지 않고 내가 하고 있는 일에 집중하기 시작한다. 그러고는 계속 안간힘을 쓰거나, 자책감을 느끼기 시작한다. 그래서 우리는 방법과 기술과 목표와 평가와 결과에 목을 매고, 탈진과 스트레스와 고갈은 불가피해진다. 그러고 나면 죄가 좋아 보이기 시작한다. 이것을 퇴치하는 유일한 해법은 삼위일체 안의 삶으로 돌아가는 것뿐이다.

교회: 본연의 인간 공동체

디즈니랜드에 가면 "작은 세상"이라는 놀이기구가 있다. 다 타고 내릴 때까지 그 노래가 반복해서 흘러나와 머리가 지끈거릴 수도 있다. 작은 세상이라는 생각, 경계도 인종도 국가도 민족도 부족도 없다는 생각은 어디서 온 것일까?

일찍이 한 사람이 있었는데, 그분이 그것을 가르치셨다. "이것이 실재의 핵이다. 나는 사람들이 이 안에 들어오도록 기도하고 있다"고 말씀하셨다. 그분에게는 돈도 연줄도 권력도 사무실도 없었다. 아무것도 없었다. 다만 "내가 이를 위해 기도했다"는 말씀만 하셨다. 그런데 정말 그대로 되었다. 사람들이 들어오기 시작했다. 부자들이 무릎을 꿇고 노예들의 발을 씻어 주었다. **전대미문**의 일이었다. 한때 서로를 증오하던 유대인과 이방인이 형제자매처럼 되었다. 그리고 이런 이상한 말을 했다. "유대인이나 헬라인이나 종이나 자유인이나 남자나 여자나 다 그리스도 예수 안에서 하나이니라."

토마스 카힐(Thomas Cahill)은 그것이 인류 역사상 최초로 표현된 평등주의라고 했다. 실제로 벌어진 일이며 지금도 벌어지고 있다. 그래서 교회와 같은 것은 다시없다고 하는 것이다.

예수님 이전에는 그런 공동체도 없었을뿐더러 그런 공동체 **개념**조차 없었다. 고대 세계에는 동업 조합, 철학 학파, 부족 종교, 가문, 집안 등이 있었다. 인류 공동체는 그분의 아이디어였다.

이제 우리가 그 공동체의 청지기다. 알고 보면 실재의 기초는 광막하고 냉랭하고 텅 빈 암흑의 우주가 아니기 때문이다. 우주 자체는 아주 작아서 실재의 근본이신 세 분, 즉 성부와 성자와 성령의 손안에 있다. 그야말로 작은 세상이다. 아멘.

대담

달라스 윌라드와 존 오트버그

존: 달라스, 삼위일체에 대해 좀 말씀해 주십시오. 많은 사람들이 아주 헷갈려 하는 문제거든요. 삼위일체에 대해 어떻게 생각하십니까?

달라스: 사람들이 이 주제를 겁내는 이유는 교리를 올바로 아는 것이 중요하다는 통념 때문입니다. 하지만 삼위일체 교리─본성을 구별하지 않되 세 위격을 혼동하지도 않는─를 제대로 알지 못하면 지옥에 간다는 신경(信經)은 어디에도 없습니다. 이에 대해 뭐라고 말할 것입니까? 구별되지 않는 본성을 이해하는 사람이 몇이나 되겠습니까? 대다수 사람들은 삼위일체의 전통적 정의가 무슨 뜻인지조차 모릅니다.

거기다 대고 자꾸 올바로 아는 것이 정말 중요하다고 말하면 사람들은 어찌할 바를 모릅니다. 복수가 곧 단수라는 개념에 맞닥뜨린 셈이니까요. 게다가 삼위일체 내의 예속 개념 앞에서는 혼란에 빠집니다. 성경과 교리를 읽어 보면, 성부와 성자와 성령은 정말 하시는 일이 다르거든요. 그러니 의문이 들 수밖에요. 그런데 이것을 형이상학적으로 이해하려 하고, 모든 사람의 견해를 바로잡으려 합니다. 그래서 사람들이 삼위일체에 대한 언급을 회피하는 것입니다.

성부와 성자와 성령이 우리 안에 오셔서 사실 때 벌어지는 일이 요한복음 14장에 생생히 묘사되어 있습니다. 물론 지도자, 목사, 개인, 또 어느 누구든 우리가 굳건히 의지해야 할 것은 삼위일체의 실제적 임재입니다.

실재와 삶을 놓치면 삼위일체에 대해서도 길을 찾을 수 없습니다. 어떻게 이해해야 할지 몰라 늘 막막해집니다. 그런데도 모두들 정답을 알아야 한다고 말하겠지요. 무엇이 정답인지도 모르면서 말입니다. 그야말로 절망적입니다. 그래서 이 주제는 영적 삶에서 중요성을 잃고 맙니다.

당신은 삼위일체 안의 우리 삶이 어떠해야 하는지 아주 잘 소개했습니다. 요한복음 17장의 기도에 더없이 잘 나타나 있지요. 알다시피 하나님은 이 놀라운 원 안에 세 분의 인격체로 존재하시며, 자신의 지위에는 관심이 없으십니다. 삼위일체 안에 예속 관계란 없습니다. 무슨 형이상학적 이유 때문이 아니라, 성삼위 하나님이 그것을 용납하지 않기 때문입니다. 그분들에게는 있을 수 없는 일입니다. 오히려 알폰스와 개스턴(1900년대 초반 프레더릭 버 오퍼의 연재만화 속 인물들이다 — 옮긴이)처럼 끊임없이 "당신 먼저"라며 서로를 앞세우시지요.

나는 "스스로 무명의 존재가 되어"라고 옮긴 빌립보서 2장의 옛날 번역을 아주 좋아합니다. 모든 것의 핵심을 깊이 찌르거든요. 나사렛에 살면서 목공 일을 하고, 까다로운 고객을 상대하고, 가족을 부양하던 예수님을 생각해 보십시오. 그분은 무명이었습니다. 누가 와서 "예수는 어디 있소?"라고 물으면 이런 대답이 나왔을 겁니다. "예수라니요? 어떤 예수 말이오?"

성부와 성령의 자세도 마찬가지입니다. 그만큼 서로를 극진히 사랑하고 칭송하기 때문이지요. 창조 이전에 하나님은 무엇을 하셨느냐고 사람들이 내게 물어 올 때가 있습니다. 마치 우리를 빚으시기 전에는 아무것도 하실 일이 없었다는 듯이 말입니다. 나는 늘 이렇게 말합니다. "함께 서로를 즐거워하셨습니다." 인간의 삶에서도 가장 깊은 기쁨을 누리는 것은 두 사람이 하나 될 수 있을 때입니다.

존: 여기서, 훨씬 더 고통스러운 현실을 짚고 넘어가지 않을 수 없겠네요. 이곳에 참석한 우리들 대부분은 교회에 속해 있습니다. 나도 교회에서 일하고 있고, 또 교회를 사랑합니다. 하지만 교회가 편협하고 옹졸하고 비열하고 경쟁을 벌이고 얄팍하다는 생각이 들 때가 많습니다. 물론 나부터가 그렇지요. 어쨌든 머릿속이 아찔해질 정도로 고통스러운 현실입니다. 예수님이 제시하신 교

회상과 현실 사이에는 엄청난 괴리가 있습니다. 왜 그런 것입니까? 왜 이렇게 힘든 것입니까? 우리는 어떻게 해야 합니까?

달라스: 나도 늘 많이 생각하고 기도하고 고민하는 문제입니다. 한 걸음 물러나서 보면 분명히 알 수 있듯이, 지역사회마다 교회 간 분열이야말로 가장 피하기 힘든 걸림돌 중 하나입니다. 자칫하면 그리스도께서 세상에서 하고 계신 일마저도 인정하기 어려워질 정도니까요. 이 문제에 접근하는 한 방도로 사역자들에게 이렇게 말하곤 합니다. 당신의 사역에서 가장 중요한 부분은 다른 사역자들을 대하는 것이라고 말이지요. 주변의 다른 사역자들을 알아가야 합니다. 분열과 경쟁의 구도를 극복해 나가야 합니다.

다시 말해, 그리스도의 대변자라면 그래야 합니다. 물론 여러 모로 사역자의 역할이 중요하지만, 사역자뿐 아니라 모든 그리스도인의 문제입니다. 지역사회 내의 교회만 여러 교회 중 유일한 것은 아닙니다. 원하면 교회라 부를 수 있는 단체들이 있습니다. 하지만 이런 상황은 해로운 영향을 줄 것입니다. 따라서 용어와 실재의 문제로 씨름해야 합니다. 그동안 시도는 있었지만 해결하기는 어려웠습니다. 사람들은 교회 대신 다른 명칭을 쓰다가 대개는 결국 다른 교단이 됩니다.

25년 전에 내가 남아프리카공화국에 처음 갔을 때 감리교회는 여전히 교회라는 명칭을 거부하고 자칭 감리교협회라고 했습니다. 물론 웨슬리식 좋은 용어이지만요. 그런데 지난번에 다시 갔을 때는 교회가 되어 있더군요. 교회라는 명칭을 거스르기는 거의 힘든 모양입니다.

개인적으로 할 수 있는 일이 있습니다. 동료 대변자들을 알아갈 수 있고, 우리와 같지 않은 사람들이 있음을 명백히 인정할 수 있습니다. 그다음, 그들을 지지하고 성공을 응원할 수 있습니다. 다른 교회들의 성공을 바라는 일은 우리가 할 수 있는 가장 중요한 일 중 하나입니다. 그래도 어떤 사람은 저쪽에 아무개가 있다며 이름을 댈지 모르지만, 중요하지 않습니다. 우리는 제자이거나 아무것도 아니거나 둘 중 하나입니다. 제자로서 우리는 서로 사랑하고 돌봅니다. 또 지역사회 내에서 우리가 처한 상황을 인식합니다. 우리는 손을 맞잡고 함께 갑니다. 상대는 여기에 익숙해질 때까지 죽도록 두려워할 수도 있고, 우리가 무엇을 하려는지 알고 싶어 할 것입니다. 하지만 우리가 그들을 지지하고 하나님 기준에서 보는 성공을 응원하려는 것임을 알면 크게 안도할 것입니다. 나는 우리가 이런 일을 시작할 수 있다고 믿습니다.

작금의 현상을 보며 내가 희망을 품는 이유 하나는 대체로 교단주의가 영적 삶의 이면으로 후퇴했다는 점 때문입니다. 내가 젊었을 때는 침례교나 루터교나 장로교 등에 속해 있는 것 자체가 하나의 생활 방식이 될 수 있었습니다. 그러나 지금은 그러기 무척 어렵습니다. 그런 기준에 따른 정체성은 이제 큰 의미가 없으며, 교회 밖 사람들에게는 특히 더 그렇습니다.

실제로 우리는 그리스도와 그분의 두 친구-성부와 성령-께서 교회를 세우고 계신다고 주장할 수 있습니다. 그분들은 우리가 처한 자리에 교회를 세우고 계십니다. 이 점을 인식하면 이제 서로의 벽을 넘어 말하고 소통하며 사랑할 수 있습니다. 우리와는 다른 사람들이 하나님 안에서 성공하도록 기여할 수 있습니다.

바울의 말대로 헬라인이나 유대인이나 할례파나 무할례파나 야만인이나 스구디아인의 차별이 없으니 오직 그리스도는 만유시요 만유 안에 계십니다. 그것이 실재입니다. 이제 우리는 그것을 주장하며 실천하면 됩니다. 나는 하나님이 분리의 벽을 허물고 계시다고 믿습니다. 분열보다 우리의 공통점이 정말 중요하다는 인식, 그런 인식이 우리 시대에 점점 확산되고 있다고 봅니다.

진정한 에큐메니즘(교회일치운동)이란 그리스도께 순종하는 것이며, 순종은 제자도의 결과입니다. 그리스도의 몸 된 교회는 행정적인 조치로 연합하는 것이 아니라 개개인의 활동을 통해 연합합니다. 개개인이 분리의 벽을 넘어 몸 된 교회의 연합을 위해 힘써야 합니다.

5

인격 이해하기
보이지 않는 부분까지 포함하여

달라스 윌라드

그러므로 너희는 가서 모든 민족을 제자로 삼아
아버지와 아들과 성령의 이름으로 세례를 베풀고
내가 너희에게 분부한 모든 것을
가르쳐 지키게 하라.
볼지어다,
내가 세상 끝 날까지 너희와 항상 함께 있으리라.

— 마태복음 28:19-20

예수 그리스도의 깊고 깊은 진리와 실재는 누구나 누릴 수 있다. 따라서 우리는 우리 안에 지니고 있고 온유하지만 단호하고 확고하게 다른 사람들에게도 전하는 실재에 관한 지식이 그리스도의 실재에 관한 지식에서 비롯된다는 확신 가운데 담대히 나아가야 한다.

예수님은 우리가 계속 그분의 말씀 안에 있으면—말씀을 믿고 정말 그 안에 살면—그분의 학생이 되어 진리를 깨달으며, 진리가 우리를 해방시켜 선하시고 위대하신 하나님 안에 들어가게 한다고 말씀하셨다. 모든 교회와 교단에 이것을 전할 수 있다면 얼마나 좋을까. 그러면 우리는 수많은 사소한 문제들을 뛰어넘을 수 있다. 그런 지엽적인 것들로 인해 시간을 낭비하고, 서로 분열되며, 나쁜 이유를 들어 서로 돌보지 않게 된다.

물론 교회나 교단마다 특색은 다르다. 하지만 일단 제자도의 영역으로 들어가면 그것을 초월하게 된다. 제자도는 진정한 에큐메니즘이다. 즉 그리스도의 사람들이 진정 연합하는 길이다. 교회의 연합은 행정적 조치를 통해서가 아니라, 서로를 향한 그리스도인들의 자발적 행동을 통해 이루어진다. 아울러 제자도는 쉬우면서도 일상적인 순종을 낳는다. 우리가 대하고 있는 실재를 이해하기 때문이다.

기본적으로 우리는 "수고하고 무거운 짐 진 자들아, 다 내게로 오라"는 예수님의 위대한 말씀에서 출발했다. 내가 믿기로 그분의 말씀은 마태복음 11장의 문맥으로 보아 종교적 수고와 짐을 가리킨다. 즉 이런 말씀과 같다. "내게로 와서 나와 함께하는 하나님 나라의 삶을 어린아이처럼 받아들이라. 지금부터 그렇게 살라."

예수님의 분부대로 행하도록 사람들을 가르치는 일

이어 우리는 그렇게 사는 법을 설명하고 있는 마태복음 28장의 지상명령을 살펴보았다. 예수님도 그 말씀대로 하셨다. 제자를 삼으셨고, 삼위일체의 교제 안에 그들을 연합하셨고, 자신의 모든 분부대로 행하도록 가르치셨다. 그분이 떠나실 때도 할 일은 많이 남아 있었고, 많은 성장도 이루어져야 했다. 그것은 지금도 마찬가지다. 제자도를 전할 주요 현장은 바로 교회 안이다.

갈 준비가 된 사람들이 있다. 우리가 섬기는 교회와 공동체의 정황에서―교회의 형태는 다양할 수 있다―하나님 나라의 복음과 실재를 온유하게 제시한다면, 제자들이 출현할 것이고 사람들은 삼위일체의 연합 안에서 연합할 것이다. 그러면 그분의 모든 분부대로 행하는 법을 우리 자신도 배우고 그들에게도 가르칠 수 있다. 우리가 수시로 상기해야 할 사실이 있다. 예수님이 분부하신 일 중에 우리가 할 수 없는 일은 하나도 없다. 물론 우리 힘으로 할 수 있는 일은 하나도 없지만, 우리는 혼자가 아니다. 그분이 하신 모든 말씀은 우리에게 주어진 것이다.

지상명령의 마지막 문구, 즉 그분의 모든 분부대로 행하도록 사람들을 가르치는 일을 생각해 보자. 여기서 알아야 할 점은 우리가 그 일을 할 수 있다는 것이다. 그 일에 의지적으로 임해야 한다. 의지 없이 저절로 되지는 않는다. 안타깝게도 오늘날 그 일이 불가능하다고 말하는 나쁜 소식이 있다. 그것은 마귀가 전하는 소식이라 할 수도 있을 것이다. 하지만 정말로 우리가 할 수 있는 일이다. 은혜가 그것을 가능케 한다. 은혜란 우리 삶 속에 역사하셔서 우리 힘으로는 못하는 일을 이루어 내시는 하나님이다. 은혜에 대한 진부한 표준적 정의는 "자격 없이 받는 호의"인데, 여기에는 은혜의 실체가 빠져 있다. 은혜란 무엇인가? 당신의 삶 속에 역사하시는 하나님이다. 그분이 당신의 삶 속에서 하시는 일은 무엇인가? 바로 하나님 나라다. 당신의 삶을 다스리는 그분의 통치다.

인격을 구성하는 각 부분의 변화

이제 변화가 실제로 어떻게 이루어지는지 아주 구체적으로 말할 차례다. 당신에게 반드시 전달하고 싶은 중요한 개념이 하나 있다. 변화되려면 당신을 구성하는 각 부분을 변화시켜야 한다. 그리스도인의 성장을 막는 요인 중 하나는 인격의 각 부분에 주목하지 않는 것이다. 예를 들어, 로마서 12장 1절에 이런 말씀이 있다. "그러므로 형제들아, 내가 하나님의 모든 자비하심으로 너희를 권하노니 너희 몸을 하나님이 기뻐하시는 거룩한 산 제물로 드리라." 분명히 이것은 행동이다.

젊은 시절, 내가 제인과 함께 대학에 다닐 때 월터 윌슨(Walter Wilson)이라는 의학 박사이자 훌륭한 하나님의 사람이 있었다. 우리가 몸을 드려야 한다고 눈앞에서 처음 말해 준 사람이다. 몸은 당신이라는 인격을 구성하는 주요 부분 중 하나다. 당신은 물리적 몸을 지닌 영적 실체다. 물리적 몸은 큰 목적을 위해 존재한다. 몸은 당신과 천사를 구별 짓는 요인 중 하나다. 그래서 당신과 나를 향한 하나님의 계획은 천사를 향한 것과는 다르다.

우리는 몸을 산 제물로 드려야 한다. 하지만 그 다음 구절을 잘 보라. "너희는 이 세대를 본받지 말고 오직 마음[생각]을 새롭게 함으로 변화를 받아." 즉 세상을 본받지 않으려면 주로 해야 할 일 중 하나는 자신의 생각을 변화시키는 것이다. 생각이 변하면 나머지도 변한다.

그 말에는 오도의 소지도 있다. 그래서 먼저 인간이 매우 복잡한 존재임을 알아야 한다. 인간은 몇 가지 필수적인 부분으로 구성되어 있다. 사실 각 부분은 사람에 따라 다르게 작용하는데, 그 점을 이해하는 것이 중요하다. 실제적 변화란 곧 영적 훈련과 상통하는데, 영적 훈련은 만인에게 똑같이 작용하지 않기 때문이다. 생각보다 몸에 더 노력이 필요한 사람이 있고 그 반대인 경우도 있다. 영혼 깊은 곳에 치료가 필요한 사람도 있다. 그런가 하면 특정 인간관계에서 헤어나지 못해 파멸에 이르는 사람도 있다.

앞으로 인격의 주요 부분을 살펴보겠지만, 개념은 아주 단순하다. 부분을 잘 돌보면 전체는 저절로 풀린다. 그게 없이는 좌절과 실패의 삶을 면할 수 없다. 각 부분을 변화시키지 않으면서 아무리 변화되려고 해 보아도 불가능하기 때문이다. 반대로, 그 방식을 따르면 당신은 능히 변화될 수 있다.

고린도전서 13장 같은 위대한 본문을 보라. 대다수 사람들은 읽으면서 절망한다. 자신이 사랑에 사로잡힌 사람이 될 수 있는데도 말이다. "사랑은 오래 참고 사랑은 온유하며." 웬만한 사람은 여기서 이미 손을 든다. 더 이상 읽을 마음이 없어진다. "시기하지 아니하며 사랑은 자랑하지 아니하며"로 이어져 마침내 "모든 것을 믿으며 모든 것을 바라며"에 이르면 이제 등을 돌려 버린다. 산상수훈을 읽을 때도 마찬가지다. 변화가 이루어지는 법을 잘못 생각하고 있기 때문이다. 이를 바로잡으려면 자신의 각 부분들을 살펴보아야 한다.

인격의 구성 요소

우리 자신 안에는 삶의 다양한 원천이 있다. 전인의 성품과 행동에서 나오는 것은 그 사람 안에서 삶의 기초가 되는 몇 가지 원천의 표출이다. 예컨대, 마가복음 12장에서 예수님이 "모든 계명 중에 첫째가 무엇이니이까"라는 질문을 받자, 그것의 원천을 나열하셨다. "착실하게 살라"고 말씀하시지 않고, 인격의 각 부분을 언급하시며 "네 마음을 다하고 목숨[영혼]을 다하고 뜻[사고, 지성]을 다하고 힘을 다하여 주 너의 하나님을 사랑하라.…네 이웃을 네 자신과 같이 사랑하라"고 하셨다(막 12:30-31).

이것을 인격의 구성 요소로 생각해 보라. 예수님이 아셨듯이 마음과 영혼과 생각과 힘을 다하여 하나님을 사랑하고 이웃을 자신처럼 사랑하려면, 각각의 요소가 반드시 다 다루어져야 한다. 예를 들어, 의지만으로는 안 된다.

성경이 말하는 마음은 의지 또는 심령이다. 창의성의 원천이자, 창작하는 능력이다. 내가 즐겨 쓰는 표현으로, 마음은 자아의 집행부다. 당신의 삶에서 벌어지는 일을 추스르려면 마음을 찾아가야 한다. 예수님은 마음을 다하여 하나님을 사랑해야 한다고 하셨다. 마음을 다하여 하나님을 사랑하려면 그분께 무엇이 가장 유익한가에 뜻을 두어야 한다. 사랑이란 사랑하는 대상을 유익하게 하려는 의지다. 하나님의 의지는 온통 자신의 피조물―특히 인간―을 향해 있으며, 그래서 우리도 그분께 유익한 것에 뜻을 두어 그분 삶에 동참할 수 있다.

마음을 다하여 하나님을 사랑하려면, 의지와 심령을 전적으로 하나님의 유익을 이루는 데 두어야 한다. 흔히 말하는 의지의 순복은 오래된 찬송가 "내게 있는 모든 것을 아낌없이 바치네"의 요지다. 그러면 "하나님의 유익보다 더 앞세우고 싶은 것은 현재의 내 삶 속에 아무것도 없다"고 고백할 수 있다. 하나님께 유익한 것이 실제로 무엇인지는 어렵지 않게 알 수 있다. 그분이 밝히 알려 주셨기 때문이고, 우리에게 있는 선과 의에 대한 기본적인 의식도 그것을 아는 데 일조한다. 마음을 다하여 하나님을 사랑하는 사람은 의지를 전적으로 하나님의 유익에 바친 사람이다.

뜻(사고)에는 생각과 감정이 둘 다 포함된다. 즉 현실을 해석하는 능력이다. 당신의 의지는 사고에 의존하는데, 흥미롭게도 당신의 사고도 의지에 의존한다.

인격의 각 요소는 서로 영향을 주고받는다. 의지는 사고를 바탕으로 선택을 내리지만, 동시에 사고는 마음의 반영이다. 뜻을 다하여 하나님을 사랑하려면 감정과 생각을 전적으로 하나님의 유익에 바쳐야 한다. 해석하고 믿고 생각하는 능력을 전적으로 하나님의 유익에 바쳐야 한다. 그렇게 되면 당신의 머릿속에 전혀 등장하지 않을 생각이 많다. 많은 일이 아예 해 보려는 생각조차 들지 않을 것이다.

당신이 생각해야 하는 것의 내용은 성품을 드러내는 요인 중 하나다. 잘못된 일을 해야 할지 말아야 할지 고민해야 한다면 당신의 사고에 문제가 있는 것이다. 이럴 때는 사고를 고쳐야 하는데, 그것은 감정의 영역일 수도 있고 해석의 영역일 수도 있다. 둘은 서로 짝을 이룬다. 당신의 습관적인 감정은 사고의 주된 특성이다. 생각하는 내용과 맞물려 있기 때문이다. 그래서 우리에게 주입되는 사고의 내용을 살펴보아야 하며, 그것을 하나님을 향한 사랑으로 전환시켜야 한다.

이웃 사랑

인간은 관계적 존재다. 그래서 삼위일체의 진리를 이해하는 것이 그토록 중요하다. 우리는 혼자 살도록 지음받지 않았으며, 실제로 그런 삶은 불가능하다. 하지만 동시에 주의해야 할 것이 있다. 우리의 대인 관계는 하나님을 향한 사랑이 머무는 장이 되어야 한다. 하나님을 사랑하려면 이웃을 나 자신처럼 사랑해야 한다. 이를 위해서는 하나님께 유익한 것을 우리의 모든 관계 속에 대입해야 한다.

타락한 세상에서 인간관계를 지배하는 것은 대체로 공격과 후퇴다. 우리는 사람을 만날 때마다 평가하기 바쁘며, 속으로 이렇게 묻는다. "이 사람이 나를 공격할까? 공격할 빌미를 잡히기 전에 내 쪽에서 조심스레 후퇴하는 게 낫겠다." 그러니 이웃을 사랑하기가 불가능하다. 하나님의 임재 안에서 사람들에게 다가가고 그들과 맺는 관계 속에서 하나님의 사랑을 보여 주기가 불가능하다.

하나님을 사랑하면 사람을 공격하지 않는다. 사람을 피해 달아나지도 않는다. 오히려 상대를 받아들이고 사랑한다. 이웃 사랑은 하나님을 사랑하는 데 꼭 필요한 부분이다. 요한이 서신에서 가르치듯이 하나님을 사랑하면서 이웃을 사랑하지 않을 수는 없다. 그 자체가 모순이다. 하나님은 당신의 이웃을 실로 사랑하시기 때문이다. 자기 이웃을 보며 설마 그럴 리가 없다고 생각할 사람들도 많겠지만, 그분은 정말 그 이웃을 사랑하신다.

그분은 당신의 원수인 이웃도 사랑하시며, 따라서 지극히 당연한 듯 "너희 원수를 사랑하라"고 명하신다. 원수를 사랑하려면 하나님을 의지하는 가운데 상대의 유익을 구해야 한다. 물론 당신의 원수에게 가장 유익한 일은 하나님을 알게 되는 것이다. 원수를 축복하는 목적은 내가 아는 하나님을 그 사람도 알 수 있도록 돕는 데 있다. 이웃 사랑이란 내게 나쁜 짓을 하려는 상대를 도와주는 것이 아니다. 자기들 마음대로 하도록 돕는 것도 아니다. 자기 마음대로 하는 것이야말로 인간에게 최악의 것일 때가 너무 많기 때문이다. 요컨대, 세상 속에서 우리는 사랑의 자세로 이웃과 함께 하나님 아래 설 줄 알아야 한다.

몸과 습관

몸은 하나님이 우리에게 가지고 살라고 주신 작은 발전소다. 몸은 주로 습관대로 움직이는데, 이는 좋은 일이다. 습관은 하나님이 주신 놀라운 선물이다. 사실, 영적 훈련은 나쁜 습관을 끊고 좋은 습관으로 대체하는 일이다. 습관이란 우리가 생각 없이 하는 일이며, 생각 없이 하는 행동 이후의 행동과도 연결된다. 베드로와 유다는 생각 없이 행동했으나 이후에 대처한 방식이 달랐다.

우리는 몸 덕분에 생각 없이 살아갈 수 있도록 지음받았다. 그것이 나빠 보인다면 매사에 생각하며 살아 보라. 삶이 마비될 것이다. 운전기사가 운전하는 법을 생각해야 한다면, 그 차에 타고 싶지 않을 것이다. 물론 그가 조심하면 좋겠지만 늘 그렇지 못할 수도 있다. 그러나 생각 없이도 능히 운전할 수 있는 사람이면 괜찮다. 일반적으로 대인 관계도 마찬가지다. 이웃과 제대로 사랑의 관계를 누리려면 나쁜 습관을 끊고 좋은 습관을 길러야 한다.

영혼의 회복

영혼은 자아의 가장 깊은 부위이자 인간을 통합하는 부분이다. 그렇다고 당신이 곧 영혼인 것은 아니며 영혼만 천국에 가는 것도 아니다. 천국에 가는 것은 **당신**이다. 우리는 영혼을 구원하는 것이 아니라 인간을 구원한다.

영혼은 자아의 가장 깊은 부위이므로, 한 인간이 온전해지려면 그 부분에 도달해야 한다. 영혼에 직접 접근할 수 있는 경우는 매우 드물다. 이따금 당신이 아주 고요해지면 영혼이 모습을 드러낸다. 그리스도인의 훈련에 있는 주요 역할 중 하나는 숨어 있던 영혼을 밖으로 나오게 하여 그것을 인식하고 회복시키는 것이다. 영혼의 회복은 인간 구속(救贖)의 근본이다. "내 영혼을 소생[회복]시키시고 자기 이름을 위하여 의의 길로 인도하시는도다"(시 23:3).

시편 19편 7절에서 여호와의 율법은 완전하여 영혼을 회복시킨다고 했다. 율법으로 영혼과 하나님이 하고 계신 일은 조화를 이루며, 이로써 영혼은 회복된다. 그렇게 되면 여태껏 자신의 삶과 의지 속의 온갖 갈등 때문에 분열되어 있던 전인이 회복된다. 의지의 분열은 길을 잃고 타락한 인간의 가장 보편적 특징 중 하나다. 그러나 영혼이 회복되면 의지의 습관이 더 이상 당신을 무너뜨리지 못한다. 습관의 초점이 하나님께 맞추어진다.

때로 영혼이 너무 망가져 있어 특별한 사역이 필요한 경우도 있다. 사실 하나님의 능력 안에 살아가고 행동할 줄 아는 사람들의 사역은 자아의 모든 부분에 꼭 필요하다. 파괴적인 대인 관계 속에 완전히 길을 잃어, 무슨 일이 벌어지고 있는지조차 모르는 사람들도 많다.

이런 원리를 이해하는 정신과 의사들과 심리학자들은 큰 도움을 준다. 심리학자들은 이제껏 분열된 인격을 주요 영역으로 삼아 다시 통합하는 일을 도왔다. 그런데 안타깝게도 그들 대부분은 영혼과 인격이라는 개념을 잃어버렸고, 그에 따라 그들이 줄 수 있는 도움도 줄어들었다. 그리스도인이나 매우 지혜로운 사람이 아닌 이상, 분열되어 있고 영혼의 문제로 고통당하는 사람들을 돕기에 그들의 자원은 유한할 수밖에 없다.

분명히 말하건대, 마가복음 12장의 지상계명(Great Commandment)에 열거된 인격의 모든 부분은 예수님의 사랑이 다스려야 한다. 예수님께 우리 자신을 맞출 때 우리는 그분의 분부대로 행하는 것을 배우는 중임을 명심해야 한다. 인격의 모든 부분을 그분의 통치 아래 두는 과정인 것이다. 사고의 구속, 생각과 감정의 구속이 그 과정에서 주를 이룬다. 그만큼 그것이 우리의 선택과 기분, 나아가 행동을 크게 좌우하기 때문이다. 여기서 앞서 말했던 서기관과 바리새인보다 나은 의가 기본이 된다. 인격의 각 부분을 바로잡으면 그들의 의를 점차 초월하게 된다.

예수님은 이에 대한 통찰을 자주 보여 주셨고, 물론 그분의 통찰은 심오하다. 그분은 비유로 말씀하실 때가 많았다. 예컨대, 좋은 나무가 나쁜 열매를 맺을 수 없고, 나쁜 나무가 좋은 열매를 맺을 수 없다고 하셨다. 우리는 여태껏 형성된 사고방식 때문에, 이 말씀의 뒷부분은 잘 믿지만 앞부분은 잘 믿지 못한다. 즉 좋은 나무가 나쁜 열매를 맺을 수 없음은 잘 믿지 못한다. 그래서 우리는 좋은 나무를 가꾸려고 하지는 않는다. 정말 노력이 필요한 부분은 바로 그 지점인데 말이다.

인류 역사를 거슬러 올라가, 인간의 문제를 해결하려고 한 플라톤과 칸트를 비롯한 모든 이들의 글을 읽어 보면, 동서를 막론하고 하나같이 이 개념에 도달했음을 알 수 있다. 즉 인격의 심연으로 갈 때 비로소 선과 경건이 삶 속에 어떻게 이루어지는지 깨닫는다.

구속 공동체의 역할

인간의 문제를 해결하는 일은 구속 공동체를 떠나서는 불가능하다. 구속 공동체는 그저 당신의 할머니일 수도 있다. 대개 할머니들은 참으로 최고의 구속 공동체를 이루어 낸다. 이 공동체는 당신과 가까운 사람들이다. 지역사회에 흩어져 있는 교회, 즉 부르심을 받은 무리다. 영혼의 회복, 대인 관계의 회복, 의지와 생각과 감정의 회복은 그런 공동체 안에서 이루어진다.

구속적 삶의 메시지와 실재도 공동체를 통해 온다. 혼자의 노력으로는 결코 변화될 수 없는 부분을, 하나님께 특별한 능력과 은사를 받은 사람들이 분별하고 지적하고 변화시켜 주기 때문이다.

때로 가르침만으로 도움이 되기도 한다. 때로는 고독, 침묵, 봉사, 성경 암송 등 여러 훈련의 실천이 놀랍게 작용하여, 단연코 가장 온전한 훈련인 예배 곧 하나님을 사모하는 것을 사람들에게 가르쳐 준다. 이 모든 것이 도움이 될 수 있으나 역시 몸 된 교회의 사역이 필요하다. 그 사역은 그리스도께서 그분의 사람들에게 주신 여러 은사를 통해 이루어진다.

여기서 말하는 교회나 친교를 하나님의 사람들이 그분께 받은 은사에 힘입어 섬기고 그 유익을 모두가 누린다는 관점에서 바라보면 좋겠다. 그러나 서기관과 바리새인의 의로 물러나면 우리는 의식(儀式)을 성공적으로 수행하는 일에 몰두한다. 성공의 의미와는 상관없이 말이다.

그리스도의 대변자가 그분과 함께 쉬운 멍에를 메고 사는 법을 배우려면, 가장 중요한 것은 **성공**의 정의다. 우리 모두는 성공적 사역의 지표가 무엇인지 생각해 보아야 한다. 거기에는 항상 인격의 변화가 수반된다는 것을 알아야 한다. 예수님의 말씀대로 어떤 사람들은 이렇게 말할 것이다. "주는 길거리에서 우리를 가르치셨고 우리는 그 말씀을 들었나이다. 우리는 귀신도 쫓아낼 수 있으며 주의 이름으로 일했나이다." 하지만 그분은 "아니, 나는 너희를 모르노라. 너희가 어디에서 왔는지 알지 못하노라"라고 대답하실 것이다. 그분은 행위의 차원에서 성품의 차원으로 판도를 바꾸셨다. "너는 누구인가?" 우리가 삼위일체의 교제 안에서 사역에 임할 때 늘 마주해야 할 질문이다.

교회는 근본적 변화의 장이 될 수 있다. 우리는 하나님의 은혜로 마땅히 그것을 기대하고 그 일에 충실해야 한다. 지역 교회와 제자들이 모이는 모든 모임에서 그리해야 한다. 우리가 제자로 모일 때, 그런 결과를 볼 것이다. 변화의 과정을 거쳐 마음과 영혼과 생각과 힘을 다하여 하나님을 사랑하고 이웃을 자신처럼 사랑하는 제자들이 나올 것이다. 그뿐 아니다. 쉽고도 일상적 순종이 뒤따른다. 그것이 곧 좋은 나무에 맺히는 좋은 열매다. 우리의 강조점은 여기에 있다.

지상명령은 예수님이 분부하신 모든 것을 사람들에게 가르쳐 행하게 하라는 것으로 끝을 맺는다. 안타깝게도 많은 사람이 이 말씀을 해야 할 일을 가르치라는 뜻으로 해석한다. 하지만 이 말씀은 그 외의 일은 할 생각조차 들지 않도록 가르치라는 뜻이다. 그럴 때 우리는 쉬운 멍에와 가벼운 짐의 영광을 조금이나마 볼 수 있다. 그리스도는 거기로 우리를 초대하신다.

대담

달라스 윌라드와 존 오트버그

존: 우리는 변화라는 개념에 사로잡혀 있는 것 같습니다. 변화를 갈급해하기도 하고요. 오랜 시간 교회를 다닌 사람이 있다고 합시다. 그동안 나아지려고 애썼지만 변화가 정말 어렵게 느껴질 뿐입니다. 말이 너무 많은 사람은 말을 줄이기 어렵고, 두려움이 많은 사람은 두려워하지 않기 어렵습니다. 변화는 왜 이렇게 힘이 들까요? 이런 문제로 좌절에 빠진 사람에게 뭐라고 말씀해 주시겠습니까?

달라스: 우선 그 사람과 함께 있겠습니다. 문제를 자세히 알아야 하니까요. 말이 너무 많은 사람은 그만한 이유가 있습니다. 그런데 무조건 말만 줄이려고 하지요. 말이 많아진 이유를 알아내도록 도와주어야 합니다. 이유를 알고 변하고자 한다면, 말을 많이 하는 것은 저절로 해결됩니다. 이것이 우리가 지향해야 하는 일반적인 패턴입니다.

예컨대, 우리는 사람들이 지금 원하는 것을 원하지 않고, 지금 생각하는 것을 생각하지 않고, 지금 느끼는 것을 느끼지 않도록 가르치고 이끌어 주어야 합니다. 그런 문제를 하나씩 훑어 나가야 합니다. 누구든지 특정한 문제를 고치려고 고민하는 사람은 그 문제로 고생하는 이유가 있기 마련입니다. 포르노처럼 중독성 강한 습관일수록 그 이유는 절대적으로 중요합니다. 이 욕망은 어디서 온 것입니까?

이런 문제는 의지로 해결되지 않습니다. 문제의 뿌리를 알아내야 합니다. 사람들이 그 행동을 하고 싶어 하는 이유는 무엇입니까? 흔히들 이런 말을 하지요. "나는 더 베풀고 싶은데 도저히 안 된다." 글쎄요, 왜 안 될까요?

존: 정말 이런 표현을 써서, "당신은 원해야 합니다. 지금 원하는 것을 사랑하지 말아야 하고, 지금 생각하는 것을 생각하지 말아야 합니다"라고 말씀하실 겁니까? 이것은 그냥 옳은 일을 행하려고 나서는 경우와는 목적이 다르거든요.

달라스: 맞습니다. 원하지 않으려는 의지 없이는 문제에서 헤어나지 못합니다. 바로 여기에 의지가 개입합니다. 지금 원하는 것을 원하지 않으려는 의지가 있다면, 사람은 자신이 그것을 원하는 이유를 찾아내려 합니다. 그러려면 교제가 필요하지요. 교제권이나 소모임 안에서 가능한 일입니다. 나는 그런 모임들이 있을 때, 분노를 주제로 6주간의 세미나를 마련한 뒤 분노를 떨치고자 하는 사람 여덟 명을 초대하라고 권합니다. 정욕이나 다른 모든 주제에 대해서도

똑같이 할 수 있습니다. 단, 교육에 진지하게 임해야 합니다.

존: 소모임 안에서 그렇게 해 보신 적이 있습니까?

달라스: 세 명이 모이는 그룹에서 해 보았는데, 단순히 행동의 뿌리를 보기만 해도 변화가 나타나는 것을 보았습니다. 모든 것에 대해 다 명확해야 할 필요는 없습니다. 그저 하면 됩니다. 전반적으로 교회나 교제권에서 혁신을 요란하게 떠벌리지 않도록 극히 주의해야 합니다. 그저 복음을 전하고, 사람들에게 모임을 권하고, 변화를 원하는 부분에서 노력하면 됩니다.

존: 자신의 변화를 얼마나 기대해야 할까요? 하나님의 도움으로 우리가 이루어 낼 수 있는 변화는 얼마나 될까요?

달라스: 예수님이 분부하신 일이라면 무엇이든 다 할 수 있습니다. 행동의 뿌리를 찾아내는 과정을 거쳐 그 뿌리를 변화시키려는 의지만 있다면, 하나님의 은혜로 하지 못할 일은 없습니다. 행동 자체를 고치려고 고집하면 자학에 빠지고, 그러면 모든 사람이 우리를 미워할 것입니다. 스스로 비참한 인간이 될 테니까요. 실패한 우리를 보며 다들 혀를 찰 것입니다.

하지만 행동의 뿌리에 다다르면 예수님이 가르치신 모든 것을 배울 수 있습니다. 결국, 행동의 근원인 심령과 사고와 영혼의 영역으로 들어가야 한다는 뜻이지요. 그 근원이 다 부정적인 것만도 아닙니다. 시간이 없어서 다 다룰 수는 없지만, 위대한 시편 119편에 나오듯이 긍정적인 면도 있습니다. "내가 주께 범죄하지 아니하려 하여 주의 말씀을 내 마음에 두었나이다…주의 말씀은 내 발에 등이요 내 길에 빛이니이다"(시 119:11, 105).

이것이 우리가 말하는 지식입니다. 진리를 배우고 그대로 살아가는 것이지요. 그 일을 확실히 하면 우리는 다시 시편 1편의 사람으로 돌아갑니다. 시편 1편의 사람은 풍요로운 하나님 나라에 깊이 뿌리를 내렸고, 열매를 맺습니다. 철을 따라 열매를 맺는 나무입니다. 훈련된 사람의 표지는 해야할 일을 제때에 하는 것입니다. 나도 베토벤의 "월광 소나타" 악보에 따라 음정을 하나씩 다 칠 수는 있습니다. 하지만 쳐야 할 제때에 칠 수는 없지요.

테니스와 농구 같은 스포츠나 다른 모든 일도 마찬가지입니다. LA 레이커스 농구팀은 보스턴 셀틱스 팀에게 결승에서 여러 번 졌는데, 5점 차 이상으로 뒤지고 있지만 않으면 막판에 역전할 수 있다는 것을 셀틱스의 러셀(Russell) 선수가 알았기 때문입니다. 레이커스는 결국 꼭 해야 할 일을 제때에 하지 못한 거지요. 그렇게 할 수 있다면 그게 바로 훈련된 사람의 표지입니다. 그러려면 종종 지금 듣고 있는 소리를 끄고 다른 음성에 귀를 기울여야 합니다. 그런데 그 방법을 배우려면 자세히 보는 수밖에 없습니다.

존: 변화가 영영 불가능할 것 같아 낙심하여 포기하려는 사람이 있다면, 뭐라고 말씀해 주시겠습니까?

달라스: 일단 곁에 앉아 상대의 말을 경청한 뒤, 그런 말을 하게 된 이유를 깨닫도록 돕겠습니다. 내 경험상 굳이 아주 깊이 들어가지

않아도 사람들은 깨닫기 시작합니다. 우선, 사람들의 말을 잘 들어야 합니다. 우리는 충분히 경청하지 않으면서 상대에게 말하는 일만 너무 중시하지요. 더 경청해야 합니다. 듣다 보면 행동의 뿌리가 보이고, 그토록 낙심한 이유가 드러납니다.

그러면 그 맥락 안에서 가르칠 기회가 옵니다. 가르친다고 해서 그냥 진리를 쭉 늘어놓는 것이 아니라 "이렇게 한번 해 보면 어떨까요?"라고 권하는 겁니다. 영적 스승의 주된 역할은 사람들이 올바른 반응 방식을 찾아내 자신이 처한 곳에서 하나님의 구원하시는 은혜와 연결되도록 돕는 것입니다. 이것이 내가 보는 견지의 영성 지도인데, 교육받은 건 아니고 그냥 내 경험에서 우러난 것입니다. 사람들에게 뭔가 할 일을 권해 준 뒤 나중에 다시 만나 그것에 대해 대화를 나누는 거지요. 배움은 실제로 그렇게 이루어집니다.

나는 그동안 많은 사람들과 종종 사역자들의 삶에서 이 일이 일어나는 것을 지켜 보는 특권을 누렸습니다. 실재와 맞닿을 때, 그것은 그들을 해방시키고 이끌고 희망을 줍니다. 하지만 가망 없는 일에 자꾸 매달리면 결국 절망할 수밖에 없지요.

젊은 시절 침례교 목사로 있으면서 깨달은 것이 있습니다. 최고의 교인이라는 사람일수록 죄책감도 가장 커서, 내가 조금만 압박을 가하면 다시 나와 헌신하더군요. 알다시피 침례교인은 구원을 다시 받을 수는 없지만 헌신이야 수없이 다시 할 수 있거든요. 그러고 나면 그들은 기분 좋아 했지만 문제가 해결된 것은 아니었습니다.

자꾸 내 얘기를 해서 죄송하지만, 이를 계기로 사람들을 섬기는 방법에 대한 내 생각은 완전히 바뀌었습니다. 사람들이 패배의 원인을 해결하도록 내가 제대로 돕지 못했다는 뜻이었거든요.

이것이 이 문제 전체를 푸는 열쇠입니다. 사람들의 말을 경청하며 힘써 분별해야 합니다. 물론 이것은 그냥 똑똑해서 되는 일이 아니라 영적인 작업입니다. 지성과 적용이 수반되기 때문입니다. 잘 듣고 그들이 실패한 이유를 보게 도와주어야 합니다.

존: 때로 사람들은 영적 훈련은 순전히 인간의 행위 같다고 말합니다. 예컨대, 험담 때문에 분투하는 사람이 침묵을 훈련하면 험담을 줄이는 데 도움을 얻을 수 있습니다. 그래도 명쾌하지 않아서 이렇게 반문하기도 합니다. "성령의 자리는 어디인가? 이건 그냥 인간의 행위가 아닌가?"

달라스: 물론 인간의 행위입니다. 종교 생활에 개입되는 모든 일은 인간의 행위입니다. 교회에 다니는 것도 인간의 행위이고요. 인간의 모든 행위는 본래 하나님의 은혜를 받아들이기 위한 것입니다. 예컨대 침묵 훈련으로, 말은 멈추어도 호흡은 멈추지 않는다는 것을 깨달을 수 있지요.

존: 인간의 모든 행위는 본래 하나님의 은혜를 받아들이기 위한 것이라고 하셨는데, 모든 영적 훈련이 그렇다는 건가요, 아니면 인간의 행위 전반이 그렇다는 건가요?

달라스: 인간의 모든 행위가 대체로 그렇습니다. 영적 훈련은 특별

한 필요에 대처하는 특별한 경우이고요. 사실 그 모두가 본래 하나님의 은혜를 받아들이기 위한 것입니다. 우리는 그러라고 지음받았습니다. 우리가 창조된 목적도 그렇고, 우리의 직장 생활이나 가정생활도 마찬가지입니다. 행위를 통해 하나님의 은혜를 만나는 것이지요.

존: 영혼에 대해 좀더 말씀해 주십시오. 이 주제는 정말 모호한 면이 많거든요. 앞서 우리가 정말 고요해지면 영혼이 모습을 드러낸다고 하셨는데, 영혼이 모습을 드러냈을 때는 그것을 어떻게 알 수 있습니까? 영혼이 모습을 드러냈는데 놓치면 어떻게 됩니까?

달라스: 좋은 질문입니다. 불안한 자세로 다가가면 필경 놓칠 테니 말입니다. 그래서 통상적으로 모든 훈련은 우회적 방법을 씁니다. 즉 영혼을 찾으려 하지 말고 뭔가를 실천하여 영혼 스스로 모습을 드러내게 하는 거지요. 영혼은 일종의 내적 힘으로 경험됩니다. 나는 영혼을 내면의 강에 곧잘 비유하는데, 이 강은 내 세계의 모든 것을 아우르고 모든 경험을 하나의 삶으로 통합합니다. 영혼이 제구실을 못하면 경험이 서로 갈라져 충돌하고 대적합니다. 통일성을 잃는 거지요.

사고가 모습을 드러낼 때는 어떻게 압니까? 그야 경험으로 알지요. 지금 나는 생각하고 느끼고 선택하고 있는데, 자아를 구성하는 이 모든 측면을 경험으로 압니다.

영혼의 경우, 어느 정도의 경험과 지성으로 말해 줄 수 있는 사람들이 필요합니다. 우리는 영혼을 기다리는 법, 영혼과 함께 임하는 하나님을 기다리는 법을 배워야 합니다. 침묵과 고독 속에 있으면 자신에게 영혼이 있음을 깨닫게 되는데, 이는 많은 사람에게 중요한 문제입니다. 자신에게 영혼이 있음을 모르기 때문입니다. 그들 삶의 기초에는 통일성이 없습니다. 예수님은 "사람이 무엇을 주고 자기 목숨[영혼]과 바꾸겠느냐"(막 8:37)라며 도발적인 질문을 던집니다. 영혼을 잃는다는 것은 무슨 뜻일까요? 모든 활동을 관할하는 중심부가 내 삶에 없다는 뜻입니다. 중심부를 되찾으려면 영혼이 하나님께 돌아가야 하고, 하나님이 영혼을 회복시켜 주셔야 합니다.

이 과정에 사람들이 도움을 줄 수 있습니다. 사역은 기본적으로 영혼을 돌보는 사역입니다. 이른바 내적 치유와 치유 기도에 해당하는 많은 일도 영혼의 작업입니다. 거의 매번 주께서 정황을 만들어 주시기를 기다리는 일이 포함되며, 그때 비로소 우리는 자기 영혼의 실상에 대해 솔직해질 수 있습니다. 아주 만족스러운 답변은 아니지만, 이 정도가 내가 답할 수 있는 최선입니다.

존: 정말 놀랍습니다. 당신은 자신에게 영혼이 있다는 사실을 어떻게 인식하셨습니까? 그 일은 어떻게 일어났는지요?

달라스: 글쎄요. 기본적으로 내가 아직 전인이 아니라는 깨달음을 통해서였습니다. 모든 것을 하나로 묶어 나를 전인이 되게 하는 통합 원리가 없었습니다. 그러다 점차 내 삶 속에서 그 방향으로

일하시는 하나님의 역사를 꽤 경험했습니다. 이 분야를 잘 아는 사람들의 고백과 사역을 통해서 말이지요. 여태 몰랐던 측면들이나 자신에게 있음을 서서히 깨달은 겁니다. 제인도 도움이 되었습니다. 제인과 결혼하고 나서부터, 영혼의 회복이 절실히 필요한 사람들을 돕는 사역자를 여러 명 만났으니까요. 그러니까 이것은 경험의 과정입니다. 점차 인식하게 되는 거지요. 자신이 더 큰 세상의 일부임을 깨닫게 됩니다.

사실, 고백은 자신의 영혼을 발견하는 데 매우 중요한 요소입니다. 정말 혁신을 몰고 오는 훈련이지요. 고백이 인격의 통일성과 아주 깊이 맞닿아 있기 때문입니다. 고백을 하면 본질상 자아의 분열은 중단됩니다.

존: 그렇다면 죄를 지을 때는…

달라스: 자신의 존재를 그대로 인정해야 합니다.

존: 죄를 지으면 늘 자아가 분열되는 겁니까?

달라스: 네. 죄는 늘 자아를 어느 정도 분열시킵니다. 자신과 타인을 해쳤음을 알면서도 아마 우리는 순순히 받아들이지 않을 겁니다. 자신이 옳다고 믿지 않을지라도 일단 옳은 척할 테니까요. 그래서 고백은 영혼을 발견하는 과정에서 아주 깊은 부분입니다.

존: 교회가 성령을 강렬하게 체험하여 부흥이 일어날 때, 고백이 첫 징후 중 하나인 까닭도 그래서인가요?

달라스: 고백 없는 진정한 부흥이란 나로서는 전혀 상상할 수 없습

니다. 겉과 속이 다르던 평소의 삶에서 온갖 걸림돌과 체면을 다 버리고 끊어야 하니까요.

존: '익명의 알코올 중독자들'(Alcoholics Anonymous, AA)과 같은 모임에서는 사람들이 선뜻 고백하기도 하는데, 교회에서는 고백하는 경우가 별로 없거나 깊지 않은 이유가 무엇입니까?

달라스: 사실 AA의 기원은 교회입니다. 사람들을 돕기 위해 AA가 창설되어야 했던 것은 매우 서글픈 일입니다. 그중 다수가 교인이었는데 교회에서는 자기 삶을 솔직히 내보일 수가 없었던 거지요. 그래서 AA는 해당 주제에 대한 기독교의 가르침에서 원리를 따왔습니다. 우리도 교회에서 예배나 모임을 시작할 때 "안녕하세요. 나는 달라스입니다. 회복 중인 죄인입니다"라고 말한다면 얼마나 달라질지 상상해 보십시오. 그런데 우리는 예배 때면 다분히 만사형통인 척하기에 급급합니다. 죄를 고백하고 사죄 같은 것을 받는 곳이 조그맣게 따로 있을지 모르지만, 고백이 우리의 교제 속으로 깊이 파고들지는 못하지요.

반면에 AA는 단지 모임으로 끝나지 않습니다. 관계가 깊은 만큼 모임의 결과도 깊습니다. 사람들이 서로 더불어 살기로 헌신했기 때문이지요. 지상에서 훈련과 그 열매를 보여 주는 가장 훌륭한 사례 중 하나입니다.

6 그리스도인의 훈련이 지닌 중요성

존 오트버그

주님 뜻대로 살기로 했네. 뒤돌아서지 않겠네.…
세상 등지고 십자가 보네. 뒤돌아서지 않겠네.

—선다 싱(S. Sundar Singh),
"주님 뜻대로 살기로 했네"

삶의 변화를 어떻게 이룰 것인가? 영적 훈련에 들어가야 한다. 골로새서 3장 1-2절을 읽고 싶다. 생전 처음 듣는 것처럼, 서신의 저자처럼 정말 진지하게, 교회가 마땅히 해야 할 일을 역설하는 듯이 그렇게 말이다. "그러므로 너희가 그리스도와 함께 다시 살리심을 받았으면 위의 것을 찾으라. 거기는 그리스도께서 하나님 우편에 앉아 계시느니라. 위의 것을 생각하고 땅의 것을 생각하지 말라."

의지의 방향을 정하는 것

아주 흥미롭게도 바울은 "위의 것에 영혼을 두라"고 하지 않았다. 영혼은 우리가 어디에 둘 수 있는 것이 아니기 때문이다. 의지라면 특정한 곳에 둘 수 있다. 우리는 의지의 방향을 정할 수 있다. 생각도 마찬가지다. 모든 용어에는 무언가 의미가 있다. 물론 "위의 것"은 "저기 먼 곳"이 아니라, 하나님 나라를 뜻한다. 나의 의지를 그 나라에 두라. 그 나라를 생각하라. 이것은 내가 할 수 있는 일이다. 내가 죽었다가 다시 살게 되었기 때문이다.

"너희 생명이 그리스도와 함께 하나님 안에 감추어졌음이라. 우리 생명이신 그리스도께서 나타나실 그때에 너희도 그와 함께 영광중에 나타나리라"(골 3:3-4). 나는 그것을 놓치고 싶지 않다. 우리가 영광스럽게 나타날 때, 그것은 과연 어떤 모습일까?

그러므로 땅에 있는 지체를 죽이라. 곧 음란과 부정과 사욕과 악한 정욕과 탐심이니 탐심은 우상 숭배니라. 이것들로 말미암아 하나님의 진노가 임하느니라. 너희도 전에 그 가운데 살 때에는 그 가운데서 행하였으나 이제는 너희가 이 모든 것을 벗어 버리라. 곧 분함과 노여움과 악의와 비방과 너희 입의 부끄러운 말이라. 너희가 서로 거짓말을 하지 말라. 옛 사람과 그 행위를 벗어 버리고 새 사람을 입었으니 이는 자기를 창조하신 이의 형상을 따라 지식에까지 새롭게 하심을 입은 자니라. 거기에는 헬라인이나 유대인이나 할례파나 무할례파나 야만인이나 스구디아인이나 종이나 자유인이 차별이 있을 수 없나니 오직 그리스도는 만유시요 만유 안에 계시니라. (골 3:5-11)

나는 스구디아인이 왜 언급되었는지 늘 궁금했다. 그들은 유난히 멸시받던 사람들이다. 당신의 문화에서 멸시받는 사람들을 이 단어 대신 넣어 보라. 그 사람이 바로 스구디아인이다.

그러므로 너희는 하나님이 택하사 거룩하고 사랑받는 자처럼 긍휼과 자비와 겸손과 온유와 오래 참음을 옷 입고 누가 누구에게 불만이 있거든 서로 용납하여 피차 용서하되 주께서 너희를 용서하신 것 같이 너희도 그리하고 이 모든 것 위에 사랑을 더하라. 이는 온전하게 매는 띠니라. (골 3:12-14)

이번에는 베드로후서로 가서 첫 구절부터 읽어 보자.

예수 그리스도의 종이며 사도인 시몬 베드로는 우리 하나님과 구주 예수 그리스도의 의를 힘입어 동일하게 보배로운 믿음을 우리와 함께 받은 자들에게 편지하노니 하나님과 우리 주 예수를 앎으로 은혜와 평강이 너희에게 더욱 많을지어다.

그의 신기한 능력으로 생명과 경건에 속한 모든 것을 우리에게 주셨으니 이는 자기의 영광과 덕으로써 우리를 부르신 이를 앎으로 말미암음이라. 이로써 그 보배롭고 지극히 큰 약속을 우리에게 주사 이 약속으로 말미암아 너희가 정욕 때문에 세상에서 썩어질 것을 피하여 신성한 성품에 참여하는 자가 되게 하려 하셨느니라. 그러므로 너희가 더욱 힘써 너희 믿음에 덕을, 덕에 지식을, 지식에 절제를, 절제에 인내를, 인내에 경건을, 경건에 형제 우애를, 형제 우애에 사랑을 더하라. [만일] 이런 것이 너희에게 있어 흡족한즉….

이 얼마나 중요한 말인가? 그야말로 중대한 **가정**(假定)이다.

[만일] 이런 것이 너희에게 있어 흡족한즉 너희로 우리 주 예수 그리스도를 알기에 게으르지 않고 열매 없는 자가 되지 않게 하려니와 이런 것이 없는 자는 맹인이라. 멀리 보지 못하고 그의 옛 죄가 깨끗하게 된 것을 잊었느니라. 그러므로 형제들아, 더욱 힘써 너희 부르심과 택하심을 굳게 하라. 너희가 이것을 행한즉 언제든지 실족하지 아니하리라. 이같이 하면 우리 주 곧 구주 예수 그리스도의 영원한 나라에 들어감을 넉넉히

너희에게 주시리라. (벧후 1:1-11)

이 말씀에는 아무것도 보탤 필요가 없어 보인다. 말씀에 있는 대로 살면 된다. 아울러 이렇게 물을 수 있다. "우리 교회는 그런 사람들을 길러 내고 있는가?" 그러면 자연스럽게 "어떻게 길러 낼 것인가?"라는 질문으로 이어진다. 바로 이 지점이 영적 훈련이 들어가는 자리다.

『영적 훈련과 성장』(Celebration of Discipline, 생명의말씀사)을 처음 읽었을 때 그 책이 전혀 마음에 들지 않았다. 그때 나는 신학생이었는데, 솔직한 반응은 이랬다. "성경 읽기와 기도를 지금보다 더 많이 해야 한다는 거야 이미 알고 있어. 그러잖아도 죄책감이 드는데, 저자는 훈련이 열 가지나 더 있다고 말하네. 그러니 나머지에 대해서도 죄책감을 느껴야 해. 이런 훈련을 정복하지 않는 한 내 영적 삶에 만족감을 얻기는 틀렸구나." 그래서 나는 그 책이 싫었다. 물론 그래서는 안 된다는 것을 알았지만 그래도 싫었다. 명색이 신학생에 전문 그리스도인이 말이다.

변화되지 못하는 내 무능력에 좌절했을 즈음, 『영성 훈련』을 읽다가 진정한 변화가 가능하다는 것을 깨달았다. 나는 변화를 간절히 원했다. 이제야 깨닫는 것이지만, 진정한 변화는 가능하며 하나님도 그것을 원하신다. 그러나 내가 할 일과 내 역할이 분명히 있다. 바로 거기가 영적 훈련이 들어가는 자리다.

시도가 아니라 훈련이다

영적 훈련에 있어, 시도와 훈련에 차이를 두어 구분하는 것은 아주 유익하다.

바울은 이렇게 말한다.

> 운동장에서 달음질하는 자들이 다 달릴지라도 오직 상을 받는 사람은 한 사람인 줄을 너희가 알지 못하느냐 너희도 상을 받도록 이와 같이 달음질하라. 이기기를 다투는 자마다 모든 일에 절제하나니 그들은 썩을 승리자의 관을 얻고자 하되 우리는 썩지 아니할 것을 얻고자 하노라. 그러므로 나는 달음질하기를 향방 없는 것 같이 아니하고 싸우기를 허공을 치는 것 같이 아니하며 내가 내 몸을 쳐 복종하게 함은…. (고전 9:24-27)

분명히 몸의 역할이 있다. 몸은 섬김을 받아서는 안 되고 더 큰 목적-내 의지와 사고 그리고 하나님-을 위해 섬겨야 한다. 몸은 종으로는 훌륭하지만 주인으로는 아주 형편없다. 그래서 바울은 "내가 내 몸을 쳐 복종하게 함은 내가 남에게 전파한 후에 자신이 도리어 버림을 당할까 두려워함이로다"(고전 9:27)라고 썼다.

오래전, 아내는 산지를 배경으로 하는 실베스터 스탤론(Sylvester Stallone)이 주인공인 영화를 빌려 왔다. 다들 시종일관 외투를 입고 있는데 스탤론만 상의가 없었다. 영화 내내 그는 웃통을 벗고 있었는데, 가슴과 어깨의 육중한 근육이 화면에서 튀어나올 듯 불룩거

렸다. 아내는 화면과 나를 연신 번갈아 보다가 마침내 말을 꺼냈다. "나는 체격 좋은 남자한테 끌린 적이 없어요." 그 말 속에 내 칭찬이 숨어 있나 싶어 찾아보았으나, 너무 깊이 숨어 있었다.

마라톤을 중간에 걷지 않고 달려서 완주하는 것이 목표라고 하자. 지금 당장 나가서 그 일을 해낼 수 있는 사람이 과연 몇이나 될까? 마라톤을 하기로 결심했다면 먼저 해야 할 일은 무엇일까? 훈련해야 한다. 훈련이란 무슨 뜻인가? 당장의 즉각적인 노력으로는 안 되는 일도 자꾸 연습하면 가능하기 때문에, 훈련이란 그런 연습을 중심으로 삶을 조정한다는 뜻이다. 훈련의 취지는 능력을 기르는 것이다. 그래서 우리는 능력을 기를 연습을 중심으로 삶을 조정한다.

이렇듯 일반적인 일에도 상당한 변화를 이루려면 훈련이 필요하다. 그냥 시도만으로는 안 된다. 피아노를 배우거나 운동을 완전히 익히거나 외국어 회화에 능통해질 때도 마찬가지다. 하물며 영적 삶의 경우는 말할 것도 없다. 바울은 "경건에 이르도록 네 자신을 연단[훈련]하라"(딤전 4:7)고 했고, 예수님도 "제자가 그 선생보다 높지 못하나 무릇 온전하게 된 자는 그 선생과 같으리라"(눅 6:40)고 말씀하셨다. 제자와 훈련은 당연히 밀접한 관계가 있다.

훈련이란 무엇인가?
훈련이란 능력을 기르고자 행하는 활동이다. 우리는 시험 삼아 해 보는 일을 통해 할 수 있는 일을 과대평가하고, 훈련을 통해 할 수 있는 일은 과소평가하는 경향이 있다. 많은 교회가 예수님과 그분의 사랑이나 기쁨에 대해 말한다. 그러면 사람들은 예수님을 닮기 위해 더 열심을 내 보겠다고 생각하며 교회를 나선다. 하지만 더 열심히 시도를 해 본다고 마라톤을 하거나 피아노를 배울 수 없는 것처럼 예수님을 닮는 일도 마찬가지다. 변화다운 변화를 이루려면 시도만으로는 안 되고 훈련이 필요하다. 영적 훈련은 우리에게 하나님 나라 안에서 살아갈 능력을 길러 주는 연습이다.

영적 훈련은 사실 부적절한 용어다. **훈련**이라는 단어는 인간의 노력, 스스로 의롭게 여기는 자세, 군대식 규율 따위를 연상시키기 때문이다. 그래서 우리 교회에서는 대신 실천이라는 말을 쓸 때도 있다. 달라스의 말처럼, 마귀는 늘 단어를 가져다 변질시킨다. 단어를 제대로 이해하지 못하면, 예수님 중심의 삶에 들어가기 위해 어떻게 해야 하는지도 알 수 없다.

사람들은 훈련이 아닌 것을 훈련으로 착각할 때가 많다. 예컨대, 훈련은 하나님께 영적인 점수를 따는 수단이 아니다. 하나님은 수정할 행동들을 적어 놓은 작은 수첩을 들고 저 하늘 위에 앉아 우리가 성경을 읽거나 기도하거나 금식하거나 죄를 고백할 때마다 황금빛 별 도장을 찍어 주시는 분이 아니다. 또한 영적 훈련이 꼭 고통스러운 일인 것만도 아니다. 그런데 우리는 훈련이라는 말을 들으면 '아, 듣기만 해도 싫다'고 생각한다.

훈련의 목표가 훈련의 내용을 결정한다. 마라톤 완주가 목표라면 무슨 훈련에 주력해야 할까? 달리기다. 파이 먹기 대회의 우승이 목표라면 무슨 훈련을 해야 할까? 파이를 먹어야 한다. 날마다 파이를 최대한 먹으면 1년 후에는 지금보다 훨씬 많이 먹을 수 있다. 이렇게 무엇을 위한 훈련이냐에 따라 훈련의 내용이 달라진다. 하나님 나라 안에서 사랑과 기쁨의 삶을 살아가는 게 목표라면, 훈련 과정이 늘 군대처럼 끔찍하고 괴로운 것만은 아니다.

영적 훈련을 영적 성숙의 척도라 할 수 없다. 숙련된 사람은 훈련을 많이 하는 사람이 아니다. 숙련된 사람, 즉 제자는 꼭 해야 할 일을 제때에 할 수 있는 사람이다. 훈련의 전체적인 취지는 바른 일을 바른 자세로 제때에 할 수 있게 하는 것이다. 그러므로 이것에 도움이 되지 않거든, 그 일은 하지 말라.

죄책감을 내보내고 은혜를 맞이하라

우리는 경건 생활로 영적 성숙을 측정하려고 한다. 그러다 보니 경건 생활에 대해 죄책감을 느낀다. 아내는 예수님이 일기를 쓰신 적이 없다는 말을 좋아한다. 성경에 하나님을 사랑한 사람, 성령을 따라 산 사람, 죄와 싸운 사람, 덕에서 자라 간 사람은 즐비하지만, 문구점에 가서 작은 가죽 공책을 사다가 일기를 쓴 사람은 없다. 일기 쓰기가 당신에게 도움이 된다면 얼마든지 쓰라. 나도 일기를 쓰면 생각을 집중하는 데 도움이 될 때가 있다. 하지만 도움이 되지 않거든 쓰지 말라.

일기를 쓰지 않거나 기타 훈련을 하지 않는 것에 대한 죄책감으로 부디 시간을 낭비하지 말라. 죄책감을 느껴야 할 더 중요한 일들이 많다. 예컨대, 사랑 없이 판단을 일삼는다든지 굶주린 이들을 돌보지 않으면서도 이상하게 죄책감을 느끼지 않는다. 그런데 교회에서 일기를 충분히 쓰지 않으면 죄책감이 든다.

이 훈련과 저 훈련을 서로 비교해서도 안 된다. "너는 그것을 하지만 나는 이것을 한다"라든지 "네가 나보다 많이 한다"고 말하지 말라. 그런 식으로 하지 말아야 한다. 그러면 해로울 뿐이다.

영적 훈련은 목표를 이루기 위한 수단이다. 여기서 훈련과 은혜의 관계가 굉장히 중요하다. 디트리히 본회퍼는 『나를 따르라』(*The Cost of Discipleship*, 신앙과지성사)에서 말하기를 제자도란 단순히 은혜를 수용하는 것이라 했다. 제자도는 다만 은혜를 받아들이는 일로 이루어진다는 것이다.

대체로 복음주의 교회는 사람들에게 은혜로 구원받는다는 사실, 즉 대개 은혜로 죄를 사함받고 천국에 간다는 것은 잘 가르쳤으나 은혜로 살아가는 법은 잘 가르치지 못했다. 하나님 나라의 삶은 매 순간이 은혜다. 아침에 일어나면 그날 해야 할 모든 일이 짐으로 다가오는 게 아니라, 내 삶 자체가 하나님의 선물이다. 친구 되신 예수님이 나와 동행하시니 어떤 짐도 나 홀로 질 필요가 없다. 은혜의 순간이다. 사람들을 만날 때도 나와 사람들 사이에 예수님이 계신다. 그분이 나를 더없이 안전하게 지켜 주시니 나도 그들을 사랑할 수 있다. 은혜의 선물이다.

달라스가 지적하듯이, 사람들은 흔히 은혜는 죄인에게 많이 필요하다고 생각한다. 은혜를 죄 사함으로 축소시켰기 때문인데, 사실 은혜는 그 이상이다. 은혜는 삶의 능력이며, 실제로는 죄인보다 성도가 은혜를 훨씬 많이 끌어 쓴다. 달라스식으로 말하면, 성도는 대형 항공기가 연료를 연소하듯 은혜를 연소한다.

그렇다면 은혜는 어떻게 받는가? 바로 그것 때문에 영적 훈련을 하는 것이다. 하나님이 우리를 변화시키시는 방법이 훈련만 있는 것은 아니다. 특정 경험도 있다. 고난은 주된 경험 중 하나다. 아울러 우리 삶 속에 임하는 성령의 역사나 대인 관계도 순간순간 우리를 변화시킨다. 그러나 변화는 근본적으로 영적 훈련을 통해 일어난다. 이로써 우리는 은혜를 받아들인다. 바울은 "너는 그리스도 예수 안에 있는 은혜 가운데서 강하고"(딤후 2:1)라고 말했고, 베드로는 "은혜[에서]…자라가라"(벧후 3:18)고 했다. 이는 죄 사함을 받음으로써 자라 가라는 뜻이 아니라 은혜로 살아가는 법을 배움으로써 자라 가라는 뜻이다. 삶 속에서 하나님의 능력을 받아, 자력으로 할 수 없는 일을 하라는 뜻이다.

여기서 잠시 영적 훈련과 성령의 열매─사랑, 희락, 화평, 인내 등─에 대해 말해 보자. 알다시피 우리는 그런 열매를 맺으며 살도록 부름받았다. 목사들이 이런 내용으로 설교하면 청중은 대개 이렇게 생각한다. '더 열심히 사랑해야겠다. 더 열심히 기뻐해야겠다. 더 열심히 인내해야겠다.' 하지만 정말 사랑하고, 기뻐하고, 인내하면서 자라 가려면 어떻게 해야 할까?

내가 실천할 훈련은 무엇인가?

사람들은 때로 어떤 훈련을 실천해야 하는지 어떻게 아느냐고 묻는다. 정말 좋은 방법은 우선 이렇게 묻는 것이다. "하나님 나라 안에서 충만하게 살고 있다면 지금 내 삶은 어떤 모습일까?" 그다음 "그렇게 살지 못하게 나를 막고 있는 장애물은 무엇인가?" 하고 물어보라. 끝으로 이렇게 물어보라. "그런 장애물과 걸림돌에서 벗어날 능력을 얻으려면 무엇을 실천해야 할까?" 이렇게 거슬러 올라가야 한다. 처음부터 "정말 중요한 이 훈련들을 시행하리라"고 해서는 안 된다. 삶 전체가 걸린 문제이기 때문이다. 하나님은 소위 말하는 영적 삶만이 아니라 내 삶 전체에 관심이 있다. 그래서 그분은 존 웨슬리가 말한 "은총을 받는 방법", 즉 은혜의 도관을 내게 선물로 주신다.

예전에 시카고로 가서 살던 때, 우리는 무척 바빴다. 달라스에게 전화를 걸어 당시 내 생활을 설명한 뒤에 물었다. "이 상황에서 영적 건강을 지키려면 어떻게 해야 합니까?" 오랜 침묵 끝에 그는 딱 한 문장으로 답했다. "당신 삶에서 조급함을 가차 없이 쳐내야 합니다."

다시 긴 침묵이 흐른 뒤에 내가 말했다. "네, 그건 잘 알겠습니다. 그 밖에 더 해 주실 말씀은 없으신가요? 시간이 많지 않아서 그런데, 최대한 많은 지혜를 얻어 가고 싶습니다."

그러자 그가 말했다. "그것뿐입니다."

우리의 하루에서 조급함은 영적 삶의 큰 적이다. 바쁜 것과 조급한 것은 다르다. 바쁜 것은 몸이 할 일이 많은 상태다. 조급한 것은 하나님이나 인간 앞에 온전히 머무를 수 없을 정도로 영혼이 딴 데에 사로잡혀 있는 상태다. 예수님은 자주 바쁘셨지만, 조급해하신 적은 없다.

그렇다면 자신에게 조급함의 문제가 있는지 어떻게 아는가? 우리 시대의 조급함은 사실 조급증, 곧 병이며 진단할 수 있는 방법도 있다. 예를 들어, 당신의 행동을 잘 들여다보라. 당신이 편도 2차선 도로를 달리고 있는데 신호등에 빨간불이 들어온다. 두 차로 모두, 앞에 차가 한 대씩 서 있다. 이때 차의 연식, 회사, 모델을 보며 어느 쪽이 더 빨리 출발할지 계산한다. 느린 차 뒤에 내가 붙는 일은 결코 없어야 하니까 말이다.

또는 마트에 갔는데 사람들이 몇 개의 계산대에 줄을 서 있다고 하자. 이때 각 줄에 몇 명이 서 있는지 센 후 각 카트에 담긴 물건의 평균수를 곱한다. 조급증이 중증인 경우에는 거기서 그치지 않는다. 이쪽 줄에 선 채로 저쪽 줄의 비슷한 순번에 있는 사람을 계속 살핀다. 그 사람이 먼저 계산을 끝내면 약간 우울해지고 하나님이 계시긴 하는지 의심스러워지기도 한다.

그러니 조급증을 어떻게 할 것인가? 물론 열심히 인내해 보려고 할 수도 있다. 하지만 적절한 실천 사항을 마련할 수도 있다. 보다시피 영적 훈련은 가짓수가 정해져 있지 않다. 무엇이든 훈련의 활동이 될 수 있다. 예를 들어, 한 달 동안 고속도로를 탈 때마다 일부러 느린 차로로 다녀 보라. 정말 죽을 맛이지 않을까? 한 달 동안 마트에 갈 때마다 일부러 가장 긴 줄에 서라. 일부러 그렇게 하라. 한 달 동안 음식을 먹을 때마다 꼭꼭 씹어 먹으라.

훈련의 효과

영적 훈련은 우리가 할 수 있는 일이며, 우리의 사고와 몸에 영향을 미친다. 우리 안에 흐르는 생각과 감정의 통상적인 틀을 흐트러뜨려 다른 생각과 감정으로 나아가게 한다. 이것이 영적 훈련이 하는 일이다.

그래서 자신의 태도를 자기가 선택할 수 있다는 자기 계발식 조언은 얄팍하다. 사실은 선택할 수 없다. 잠깐은 될지 모르지만, 태도 같은 것들은 몸에 배는 법이다. 우리는 영적 삶에서 몸의 비중을 절실히 이해할 필요가 있다. 우리는 아무 생각 없이 행동하면서 몸으로 잘도 살아갈 수 있다. 그런 몸을 지녔다는 것이 어떤 의미인지 알아야 한다.

의지는 결혼이나 교회 출석 등 중대한 선택을 하는 데 아주 능하다. 한 달 동안 느린 차로로 다니겠다는 결정도 마찬가지다. 하지만 의지는 몸속과 머릿속에 배어 있는 만성적 태도를 꺾는 데는 형편없다. 그래서 인격의 각 부분을 이해하는 것이 그토록 중요하다. 하나님 나라의 삶에 들어가는 법에 대한 지혜를 얻으려면, 인격의 각 부분이 어떻게 작용하고 각 부분이 잘하는 일과 할 수 없는 일은 무엇인지 알아야 한다.

성령의 열매 중 하나가 기쁨이다. "주 안에서 항상 기뻐하라. 내가 다시 말하노니 기뻐하라"(빌 4:4). 성경에서 기쁨은 중대한 초대이자 명령이다. 기쁨 없는 삶은 죄다. 심히 중한 죄다. 기쁨이 없다면 교회 밖의 사람들이 그리스도의 몸 된 교회에 끌릴 수 없다. 기쁨 없는 삶은 우리 하나님의 영을 모독하고 그분의 큰 은혜-그 나라 안의 충만한 행복감-를 거스른다.

내가 더 기뻐하고 싶다고 하자. 어떻게 할 것인가? 역시 대부분의 교회에서 대부분의 사람이 알고 있는 것은 "더 열심히 기뻐해야겠다"이다. 하지만 구약으로 돌아가, 자세히 살펴보면 절기가 나온다. 축제의 날로서, 좋아하는 음식을 먹고 좋아하는 음료를 마시도록 하나님이 사람들을 초대하신 날이다.

구약에 묘사된 연례 절기 중에 초막절이 되면 예루살렘 사람들은 십일조를 떼어 "네 하나님 여호와 앞 곧 여호와께서 그의 이름을 두시려고 택하신 곳에서 네 곡식과 포도주와 기름의 십일조를 먹으며 또 네 소와 양의 처음 난 것을 먹[도록]" 되어 있었다. 그리고 이어 이런 말씀이 나온다.

> 그러나 네 하나님 여호와께서 자기의 이름을 두시려고 택하신 곳이 네게서 너무 멀고 행로가 어려워서 네 하나님 여호와께서 그 풍부히 주신 것을 가지고 갈 수 없거든 그것을 돈으로 바꾸어 그 돈을 싸 가지고 네 하나님 여호와께서 택하신 곳으로 가서 네 마음에 원하는 모든 것을 그 돈으로 사되 소나 양이나 포도주나 독주 등 네 마음에 원하는 모든 것을 구하고 거기 네 하나님 여호와 앞에서 너와 네 권속이 함께 먹고 즐거워할 것이며. (신 14:24-26)

성경에 이런 말이 있다는 것이 믿어지는가?

내가 자라난 템플 침례교회에서는 이 본문을 한 번도 읽지 않았다. 우리 부모님도 성경에 이런 말이 있다는 것을 알려 준 적이 없다. 이 말씀은 무엇을 위함인가? 그런 절기와 축제는 기쁨을 훈련하기 위한 것이었다. 그래서 절기는 이스라엘 달력에서 아주 큰 부분을 차지했다. 지금 우리 사는 세상은 기쁨과는 상극이다. 그러므로 우리는 기쁨을 훈련하는 법을 배워야 한다. 그래서 리처드 포스터(Richard Foster)의 『영적 훈련과 성장』은 "축전의 훈련"으로 끝난다. 곧 기쁨의 훈련이다.

예컨대, 일주일에 하루씩 기쁨을 훈련할 수 있다. 매주 하루씩 당신이 좋아하는 음식을 먹고, 좋아하는 음료를 마시고, 좋아하는 옷을 입고, 좋아하는 음악을 듣고, 좋아하는 일을 하는 것이다. 그 날만큼은 당신의 내면을 충족시켜 주는 사람들과 함께 지낸다. 당신 삶에는 기쁨을 주지 않는 사람들도 있기 때문이다. 그들은 기쁨의 블랙홀같이, 진공청소기같이, 당신의 기쁨을 다 빨아가 버린다. 하지만 그날만큼은 이렇게 말할 수 있다. "오늘은 당신과 함께 있을 수 없습니다. 내 기쁨의 날이거든요. 내일 다시 뵙겠습니다."

우리는 사람들에게 기쁨은 성령의 열매라고 가르친다. 우리는 성령 안에 살면서 성령의 열매 안에 자라 가야 한다. 어떻게 그럴 것인가? 우리가 할 수 있는 일이 있다. 교회마다 영혼의 의사들이 절실히 필요하다. 영혼을 형성하거나 빚거나 돌보는 사람을 옛날에는 그렇게 표현했다. 영혼의 치료는 몸의 치료와 매우 비슷한 것으로 받아들여졌다. 즉 진단과 지혜로운 처방이 있어야 함은 물론, 하나님만 치유하실 수 있다는 인식도 필요하다. 우리 사는 세상은 지혜롭고 유능한 영혼의 치료자들이 절실히 필요하다.

고독도 중요한 훈련이다. 고독이란 사람과 일과 외적 자극을 일부러 끊는 것이다. 달라스는 『영성 훈련』에서 훈련을 두 가지 범주로 나누는데, 나는 이를 통해 아주 큰 깨달음을 얻었다. 하나는 행위를 통한 훈련이고, 또 하나는 절제를 통한 훈련이다. 행위를 통한 훈련은 평소에 하지 않던 일을 함으로써 작위의 근육을 강화시켜 주고, 절제를 통한 훈련은 평소에 하던 일을 끊어 부작위의 근육을 강화시켜 준다. 예를 들어, 공부나 예배는 행위인 반면 금식이나 침묵은 절제에 해당한다.

역사적으로 죄는 두 가지 범주로 나누었다. 작위의 죄와 부작위의 죄다. 부작위의 죄는 마땅히 해야 할 일을 하지 않는 것이다. 작위의 근육이 너무 약해서다. 사랑하지 않거나 기뻐하지 않는 것이 부작위의 죄에 해당한다. 부작위의 죄로 고생하는 사람은 작위의 근육을 강화시켜야 하며, 뭔가 행위가 필요하다. 요컨대, 행위를 통한 훈련은 종종 내가 부작위의 죄로 씨름할 때 도움이 된다. 예를 들어, 축제의 훈련은 기쁨 없는 삶을 극복하고 기뻐하는 데 도움이 된다.

작위의 죄를 짓는 사람은 뭔가를 행하고 있다는 뜻이다. 부작위의 근육이 충분히 실하지 못해서다. 이럴 때는 절제하는 실천으로 부작위의 근육을 강화할 수 있다. 예를 들어, 험담하는 버릇이 문제라면 침묵이 매우 유익한 실천 사항이 될 수 있다. 나는 초기에 달라스의 『영성 훈련』을 읽고 나서 금식이 성(性)의 영역에서 실제로 내게 도움이 되는 것을 보고 놀랐다. 금식으로 근육이 강화되었던 것이다.

영적 훈련은 단지 훈련을 위한 훈련이 아니다. 훈련을 그저 더 영적인 사람이 되기 위한 것으로만 생각하면 오히려 큰 해를 입을 수 있다. 스스로 의롭게 여기는 자세는 큰 문제로 대두될 수 있다. 훈련 속에서는 큰 헌신도 필요하지만 또한 큰 자유도 누려야 함을 늘 명심해야 한다.

훈련의 방향

아주 오래전에 나는 기도를 배우고 싶어 이그나티우스(Ignatius, 이냐시오) 기도 모임에 들어갔다. 우리는 헌신한 대로 날마다 기도하며 매주 모여 배웠다. 하루는 그 모임에 있던 한 남자가 와서 "이제 나는 연속해서 기도한 지 32일째입니다"라고 말했다. 그러자 인도자인 진(Jean) 수녀가 "내일은 기도하지 마십시오"라고 답했다.

나는 자라면서 누구에게서도 "기도하지 말라"는 영적 조언을 들어 본 적이 없다. 나라면 이렇게 말했을 것이다. "이봐, 자네는 연속 기도 신기록을 세울 수 있네. 현재 신기록이 며칠인지는 모르겠지만 자네가 한번 해 보게." 하지만 진 수녀는 그 사람 안에 스스로 의롭게 여기며 판단하는 마음이 있음을 간파했다. "내 영적 삶은 본궤도에 올랐는데, 당신들은 왜 하지 못하는가? 왜 32일 연속해서 기도하지 못하는가?" 하고 말이다. 그것이 그의 안에서 맺힐 성령의 열매를 망쳐 놓고 있었다. 그에게 가장 유익이 될 영적 실천 사항은 다름 아닌 기도를 절제하는 훈련이었다.

그것이 지혜다. 목표와 수단을 알고 있으면 지혜도 아주 선명하게 따라온다. 하지만 그것을 모르면 우리는 불안감과 압박감과 혐오감을 주며 짓눌린 사람들을 길러 낼 뿐이다. 그래서 예수님은 바리새인들에게 "너희는 교인 한 사람을…너희보다 배나 더 지옥 자식이 되게 하는도다"라고 말씀하셨다.

영적 훈련의 모험에 나설 때는 창의성과 자발성과 뜻밖의 반전도 필요하지만, 지혜도 필요하다. 우리에게는 영혼의 의사들이 필요하다. 본인도 훈련에 임하면서 남도 능히 도울 수 있는 사람들이 필요하다. 또한 인간이 하는 경험의 본질상 어떤 실천 사항들은 항상 중요할 수밖에 없다.

어느 날 나는 달라스에게 책을 어떻게 골라 읽어야 할지 물었다. 내 책상에는 잡지와 책이 늘 너무 많이 쌓여 있었기 때문이다. 또다시 오랜 침묵 끝에 그가 말했다. "넓이가 아니라 깊이를 지향하십시오. 깊이를 얻으면 넓이도 따라오지만, 넓이를 따르면 어느 쪽도 얻지 못합니다." 영적 삶과 영적 실천을 생각할 때 인간의 본성을 고려해야 한다. 예컨대, 고독은 항상 필요하다. 이 분야에 큰 진전을 이룬 사람-이그나티우스나 웨슬리나 칼뱅 등 누구든-의 저작을 깊이 파고들면, 그 개념은 당신 안으로 배어든다. 그러면 나중에 다른 사람의 글을 읽어도 "아, 이게 그거구나" 하고 다 알아볼 수 있다. 하지만 여러 사람의 글을 늘 수박 겉 핥기 식으로 읽으면 그 사고의 틀이 당신의 사고 속에 뿌리내릴 수 없다. 결코 내 것이 되지 않는다.

'익명의 알코올 중독자들'이 출범할 당시, 모임이 생긴 배경을 다룬 『하나님이 아니다』(*Not God*)라는 책이 있었다. 그 모임은 옥스퍼드 운동에서 비롯되었고, 다른 무엇 못지않게 웨슬리 교파의 성결에 뿌리를 두었다. 초기에 관여했던 이그나티우스 계열의 한 사제는 이 모임의 12단계를 보고 "아, 이것은 다 이그나티우스에게서 나왔다"고 했다. 하지만 그렇지 않다. 궁극적으로 그 모든 것은 예수님께로, 인간 본성에 대한 지혜로, 변화가 일어나는 원리로 거슬러 올라간다. 훈련하면서 어느 한 개인이나 전통에 깊이 천착하면, 다른 곳에 가서도 곧바로 그것을 알아볼 수 있다.

고독: 하나님과 함께 낭비하는 시간

인간이 처한 상태의 본질 때문에 어떤 실천들은 늘 기본적인 것이 되기도 한다. 고독은 그중 하나다. 종종 사람들은 내가 고독 속에서 무엇을 하는지 궁금해한다. 고독은 뭔가를 하는 것이 아니라 하지 않는 것이다. 고독은 절제를 통한 훈련이다. 나는 일부러 사람과 일과 외적 자극을 끊고 하늘 아버지와 단둘이 남으려고 한다. 내 삶의 모든 발판을 없애는 것이다.

예수님의 삶에서는 거듭 이것을 볼 수 있다. 사역을 시작하시면서는 40일을 성령과 단둘이 보내셨다. 예수님은 그 뒤로도 한적한 곳으로 가서 기도하곤 하셨다(예컨대, 막 1:35 참조). 열두 제자를 뽑으시기 전에도 고독 속에 들어가셨고, 사촌인 세례 요한이 죽은 뒤에도 고독 속에 들어가셨다. 오천 명을 먹이신 후, 또 열두 제자에게 사명을 맡겨 파송하신 후에도 똑같이 하셨다. 우리 생각 같아서는 일이 잘되고 있으니 정말 바빠질 법도 한데, 예수님은 제자들에게 따로 한적한 곳으로 가자고 하셨다. 십자가를 지기 전날 밤에도 그러셨다. 이 패턴은 계속 반복된다.

고독 속에서 나는 묵상하거나 공부하거나 기도할 수 있다. 하지만 가장 중요한 것은 무엇을 하는 것이 아니라 하지 않는 것이다. 나는 평소에 하던 일을 하지 않는다. 그렇게 잡념을 물리치려 하다 보면 내 사고의 현주소를 깨닫는다. 따라서 고독으로 인해 나빠지는 사람은 없다. 처음 고독을 구하기로 작정하던 날 이렇게 생각했다. '일단 달력에 일정이 없는 날을 기다리자. 그리고 그날 가서 하루 동안 고독에 젖어 보자.' 하지만 일정을 미리 떼어 두어야 한다는 것을 금세 깨달았다. 지금도 나는 의지적으로 그 시간을 갖는다.

처음 고독으로 들어가던 날, 나는 여러 기도 제목을 가지고 갔다. 그런데 약 30분 만에 다 끝이 났다. 다음에는 무엇을 해야 할지 막막했다. 고독이란 생각보다 훨씬 힘들었다. 그곳 캘리포니아 남부의 순례자 교회는 경치가 아름다운 곳이어서, 나는 바닷가로 내려가 그냥 앉아 있었다. 엄청난 시간 낭비처럼 느껴졌다. 하지만 하나님과 함께 낭비하는 시간, 고독의 정의로 나쁘지 않은 것 같다.

나는 내 목회를 보는 교인들의 눈이 내 운명을 결정짓는다고 생각하기 쉽다. 하지만 고독 속에 들어가면 그것이 몸에서 떠나가는 게 느껴진다. 아버지께서 예수님께 하신 말씀이 떠오른다. "너는 내 사랑하는 아들이라." 그러면 '일이 잘되고 있는 건가? 남들은 나를 어떻게 볼까?' 하는 생각은 깨끗이 사라진다. 평소에 내가 그렇게 덧없고 미련한 생각에 지배당하고 있다니 정말 어이가 없어진다.

고독 속에서 나는 자유로워진다. 훈련은 늘 자유를 낳기 마련이다. 일반적인 훈련도 마찬가지다. 야구 선수는 받기 힘든 공도 자유자재로 받는다. 음악가는 음표를 생각할 것도 없이 자유로이 멋진 음악을 연주한다. 훈련이 내 안에 자유를 낳지 못한다면 나한테 맞는 훈련이 아니기 때문일 것이다.

공부

공부란 하나님 나라로 이끄는 생각 속에 내 사고를 몰입시키는 것이다. 비그리스도인 심리학자인 마하이 칙센트미하이(Mihaly Csikszentmihalyi)는 지난 50-60년 동안 소위 "몰입"이라는 주제로 수없이 많은 연구를 했다. 온통 의식에 관한 내용이다. 그는 철학자 에드문트 후설(Edmund Husserl)에게 깊은 영향을 받았는데, 달라스가 후설에 대한 대표적 전문가다. 달라스도 의식이 인간 됨의 중심이라는 확신을 공유하고 있다. 칙센트미하이는 『몰입, flow』(한울림)에서 "사고를 그냥 두면 나쁜 생각, 시시한 계획, 슬픈 기억, 앞날에 대한 염려로 돌아간다. 무질서와 혼란과 부패가 의식의 기본 상태다"라고 말했다. 사도 바울은 사고가 "육신에 있을[죄성에 지배당할] 때에는" 사망을 열매로 맺는다고 했다(롬 7:5).

본래 그런 법이다. 공부는 잡다한 성경 박사가 되기 위한 것이 아니다(그런 사람들에 대해서는 다들 아는 바와 같으며 우리 중에도 그런 사람이 많이 있다). 오히려 사랑과 희락과 화평의 삶이 흘러나오는 사고를 품기 위한 것이다. 늘 그쪽을 바라보면 그렇게 된다.

겸손

예수님을 따르는 사람들에게 중대한 문제가 되는 것 중 하나는 겸손이다. 어떻게 겸손을 추구하고 겸손해지고자 할 것인가? C. S. 루이스는 겸손해지려고 하면 결국 "이봐, 나를 보게. 겸손해지고 있어"가 되어 버린다고 했다. 겸손해지려고 해서는 겸손해질 수 없다. 그러나 섬김을 통해서는 가능하다. 아이들이 어릴 때 나는 휴일마다 섬김을 실천하곤 했다. 다른 일정을 세우지 않고 그냥 나를 내주었다. 하지만 섬기려는 와중에도 금세 퇴보하곤 했다. "아니, 지금은 이 일에 시간을 들이고 싶다" 하면서 말이다. 갑자기 방해받는 것이 싫어진 것이다.

섬김을 실천함으로써, 겸손해지려 하지 않으면서 겸손을 추구할 수 있다. 각종 훈련은 목회자를 일에 치이지 않게 지켜 줄 수 있고, 교인을 영적 삶의 더딘 진척으로 인한 절망에서 건져 줄 수 있다. 훈련은 우리를 구체적인 여정으로 이끌기 때문이다.

정보에서 변화로

바울은 "그러므로 형제들아, 내가…권하노니"라고 말한다. 여기 권한다는 말은 호소한다는 뜻이다. 그런데 무엇을 향한 호소인가? 인격의 각 부분을 생각해 보라. 이는 의지를 향한 호소다. "너희를 권하노니." 사람들에게 선택을 요구하고 있다. "너희 몸을"—여기 몸이 나온다—"산 제물로 드리라.…너희는 이 세대를 본받지 말고 오직 마음[생각]을 새롭게 함으로 변화를 받[으라]"(롬 12:1-2). 정말 재미있는 문법이다. 바울은 "너희 자신을 변화시키라"고 하지 않는다. 그러나 이것은 명령이다. 우리가 해야 할 일이 있다. 하지만 우리 힘으로는 할 수 없다. 수동적 명령, 즉 수동형 명령문이다. "생각을 새롭게 함으로 변화를 받으라." 그렇다. 여기에도 생각이 나온다.

그렇다면 그 일을 어떻게 할 것인가? 아이들이 열세 살이 되면, 나는 매번 윌로우크릭(Willow Creek) 교회에서 주최하던 파라다이스 캠프에 데려갔다. 미시간 주 최북단에 위치한 그곳은 아주 외딴 오지였다. 훈련도 아주 스파르타식이어서 쓸 만한 가구도 없고, 난방도 없고, 전기도 없고, 불빛도 없고, 수돗물도 없고, 실내 화장실도 없었다. 파라다이스 캠프라는 이름이 무색할 지경이었다.

갈 때마다, 아이와 함께 통과하는 밧줄 타기는 아주 흥미로운 코스였다. 밧줄을 타기 전에 먼저 강의를 통해 밧줄이 작동하는 원리에 대한 설명을 들었다. 정지시키는 장치와 D자형 고리의 위치도 배웠다. 모든 장비를 제대로 활용하기만 하면 밧줄 타기는 지극히 안전하다. 우리는 다 설명을 들었고 그대로 믿었다. 하나같이 "그렇지, 저대로만 하면 되겠구나"라고 말했다.

드디어 내 차례가 되었고, 지상 9미터 높이의 밧줄 사다리에 올라갔다. 그런데 내 손바닥은 밧줄이 지극히 안전한 곳임을 믿지 않았다. 내 겨드랑이도 믿지 않았다.

강의는 얼마든지 들을 수 있다. 정지시키는 장치와 D자형 고리가 나를 안전하게 지켜 주리라는 증거도 확인할 수 있다. 수백 년이라도 앉아서 듣고 수긍하며 줄줄 외울 수도 있다. 하지만 그렇다고 해서 밧줄을 잡았을 때 내 몸이 달라지는 것은 아니다. 정보만으로는 사람이 변화될 수 없다. 물론 정보도 반드시 필요하지만 그것만으로는 부족하다.

여름 내내 밧줄 코스에서 살다시피 했던 아이들은 변화되어 있었다. 아무렇지 않게 밧줄을 잡았고, 밧줄이 지극히 안전한 곳임을 몸으로-땀샘으로-믿었다. 그들은 자유로이 다른 생각과 다른 감정을 경험했으나, 남은 우리들은 그대로였다.

막상 위에 올라서도 기적은 없었다. 생각은 불안에 지배당했고, 감정은 전혀 즐겁지 못했으며, 몸에서는 땀이 배어 나왔다. 당연한 일이었다. 정보만 얻어서는 달라질 리 없다.

그런데 우리는 사람들에게 강해 설교와 신학적 정보를 더 쏟아부으면 뭔가를 해낸 줄로 생각한다. 우리에게 필요한 것은 제자도라는 밧줄 타기다. 그래야 달라스의 말대로 "머리로 믿는다고 말하는 내용을 온몸으로 믿게 된다." 제자도의 역할과 영성 형성도 이런 식으로 생각할 수 있다. 즉 우리는 밧줄이 지극히 안전한 곳임을 손바닥과 겨드랑이로 믿게 된다.

그래서 영적 훈련은 사람들을 가르쳐 "내가 너희에게 분부한 모든 것을…지키게 하[는]" 전략에 결코 없어서는 안 될 부분이다. 우리 스스로는 인생의 밧줄을 탈 수 없다. 변화된 몸과 변화된 사고가 요구되기 때문이다. 몸을 드린다는 개념은 영적 훈련에 내 몸을 내준다는 뜻이다. 처음에는 정말 형편없어도 괜찮다.

밧줄 타기는 8분쯤 걸리는 코스였는데, 한 여자아이가 그 자리에서 얼어붙어 버렸다. 결국 그 아이가 타기까지 1시간 반이 걸렸고 시종일관 비명을 질러 댔다. 그 바람에 다른 사람들까지 다 고생해야 했다. 소녀는 서투른 제자였다. 그러나 결국 끝까지 해냈다. 그 아이도 날마다 밧줄을 탄다면 실력은 시간문제일 것이다. 결국 변화될 수밖에 없다. 처음부터 잘하고 못하고는 중요하지 않다. 중요한 것은 꾸준함이다. 그저 꾸준히 하면 된다.

교회가 이렇게 된다면?
영적 삶은 실제적인 지식과 틀림없는 실천의 영역이다. 이를 위해서는 교회가 나서야 한다. 달라스와 대화하기 시작하던 초창기에, 나는 교회에 대해 물었다. 어떤 교회는 음악과 예배에 탁월하고, 어떤 교회는 전도나 외부 사람들에게 다가가는 일을 잘한다. 어떤 교회는 가르치는 공장과 같고, 어떤 교회는 사람들을 동화시키는 데 능하다. 그런가 하면 정의와 긍휼을 행하는 데 탁월한 교회도 있다.

하지만 드물게 사랑과 기쁨과 인내와 용기를 갖춘 사람들을 불가사의할 만큼 높은 비율로 길러 내는 교회는 어디 있는가? 달라스에게 물었다. 특별한 기술이나 방법론이 있는 교회를 말한 것은 아니었다. 영성 형성 전반에 대해 내가 우려하는 바는 사람들이 자꾸 방법을 바꿔 본다는 것이다. 아침 6시 반에 카페에 모여 네비게이토 교재로 공부하는 것보다 영적 독서(lectio divina)가 왠지 더 마법의 능력이라도 있는 것처럼 말이다.

40년 전 리처드 포스터라는 젊은 목사와 달라스 윌라드라는 주일학교 교사가 있던 작은 퀘이커교회는 어떤 곳이었을까? 하나님은 그 작은 교회에서 무슨 일을 하고 계셨을까? 1970년대에 캘리포니아 주에 왔을 당시, 훌륭한 교회들이 많이 있었다. 나는 신학교에 다니면서, 교회들을 두루 방문했다. 척 스윈돌(Chuck Swindoll)도 있었고, 수정 교회도 있었고, 할리우드 장로교회도 있었다. 많은 큰 교회들이 훌륭한 일을 하고 있었다.

하지만 그 작은 퀘이커교회를 방문하는 사람은 아무도 없었다. 달라스는 우리 시대에 하나님 나라의 아름다움을 되찾는 일에 평생을 바쳤다. 하나님과 함께하는 삶과 인간의 변화를 보통 사람들이 추구하고 누릴 수 있는 실재가 되게 하려고 힘썼다. 이 일이 달라스와 함께 흥했다가 쇠하지 않고, 하나의 강이 되고 나아가 삶의 거대한 홍수가 된다면 어떨까? 갈수록 더 많은 남녀가 자신의 친구이자, 스승이자, 길잡이이며, 능력이신 살아 계신 예수님께로 다시 돌아온다면 어떨까? 하나님을 아는 경험적 지식, 그리고 인간 상태의 본질과 변화에 대한 지혜가 교회를 운영하는 표준 절차가 된다면 어떨까? 목사와 교사와 소그룹 인도자와 주일학교 교사가 먼저 거기에 헌신한 뒤, 은혜가 막혀 삶에 지친 모든 이에게 힘써 그것을 누리게 해 준다면 어떨까? 교회가 삶을 배우는 학교가 되면 어떨까? 하늘의 사다리를 오르내리는 천사들, 인근 지역 사회에 사는 사람들이 인생을 사는 법을 배우려고 교회로 몰려든다면 어떨까?

물론 혁신을 공작하거나 떠벌릴 수는 없지만, 우리가 해야 할 몫은 있다. 나를 비롯하여 이 비전 가운데 살기 원하는 모든 사람에게 권하고 싶다. 무엇보다도 그것을 구하고 사모하라. "그렇게 되게 하소서"라고 하나님께 기도하라. 아울러 함께 대화하며 서로에게서 배우라.

대담

달라스 윌라드와 존 오트버그

존: 달라스, 교회는 지금 결단의 기로에 서 있다고 말씀하셨지요. 교회에 대해 많이 생각하는 사람으로서 교회의 미래를 어떻게 보십니까?

달라스: 예수님의 제자들이 각자의 지역 교회나 기관 또는 기타 모임의 테두리를 벗어나 서로에 대해 아는 것이야말로 일어나야 하고 또 일어날 수 있는 일입니다. 이미 그런 일이 일어나고 있다고 보고요. 예수님과 함께 등장한 옛 제자들을 볼 때, 서로에 대해 깨닫고 알고 지지했다는 사실이 돋보입니다. 신약의 서신서를 읽어 보면 그 점이 도처에 두드러지게 나타나지요. 예를 들어, 바울 서신은 특정 모임들을 대상으로 한 것입니다. 그중 하나가 "에베소에 있는 성도들"에게 쓴 것입니다. 에베소에만 보낸 것이지요.

여기서 나아가려면 제자들이 자기 삶의 영역에서 다른 제자들을 인식하는 것이 중요합니다. 그렇게 되면 교제의 질이 달라집니다. 그 결과 하나님이 우리를 불러내신 표지가 일터에서든 교회에서든 우리 삶 속에서 명확해지고 구체화됩니다. 이와 같은 하나님의 임재야말로 전통적으로 우리가 주목한 부흥의 표지입니다. 어느 영역에서든 주로 구해야 할 것은 하나님의 분명한 임재입니다.

이 점이 그리스도의 대변자로서 우리가 감당할 몫입니다. 다시 말하지만, 우리의 공식적인 지위는 전혀 중요하지 않습니다. 각자 자기 자리에서 그리스도의 몸 된 교회의 관점으로 증언하면 됩니다. 즉 교회가 현존하며, 삼위일체 하나님이 교회를 세우고 계시다는 사실을 말입니다. 또 우리는 "아, 이 사람들이 말하는 내용이 삶의 유일한 길이구나" 하고 깨닫도록 사람들을 도와야 합니다.

존: 달라스, 그 일을 정말 실효성 있게 하려면 어떻게 해야 합니까? 간혹 도시에 종교간 협의회나 목회자 기도회가 있긴 하지만, 그런 생명력을 지닌 경우는 거의 없습니다. 그러잖아도 빡빡한 일정에 이것이 또 하나의 의무가 아니라 실제로 살아 숨 쉬는 생명력 있는 일이 되어야 할 텐데요. 그러려면 어떻게 해야 합니까?

달라스: 그러려면 함께하는 시간에 실제로 우리 영혼의 상태를 나누어야 합니다. 지역사회의 문제나 교회 일치를 위한 노력을 논하거나, 내 교회와 네 교회를 비교하는 것 등에 시간을 축내서는 안 된다는 거지요. 각자에게 벌어지고 있는 영혼의 작용을 나누는 데 시간을 써야 합니다. 자신이 경험한 그리스도의 역사하심과 임재, 그리고 자신이 어떻게 배우고 있고 가족들은 어떻게 지내고

있는지 등을 나누는 겁니다.

그런 일이 이루어질 때 진정한 친밀함이 싹틉니다. 사역 협력 기구를 통해 그 일이 가능할지 의문입니다. 나도 "상대의 있는 모습 그대로를 인정하고 그에 동참하라"는 말을 중시하는 사람이지만, 그렇다고 그것을 사역의 본질로 착각해서는 안 됩니다. 교회 예배를 그리스도의 참 생명으로 착각해서는 안 되는 것과 마찬가지지요. 교회 예배 안에 그리스도의 생명이 있어야 합니다. 그것은 놀라운 일입니다. 요컨대, 우리의 삶을 자세히 관찰하고, 다른 사람들에게 솔직하게 마음을 여는 법을 배우고, 서로 신뢰하고, 그리스도의 다른 사역자와 대변자와 제자들의 유익을 구해야 합니다. 한마디로 사랑이지요. 예수님이 말씀하신 제자의 표지는 단 하나, 서로 사랑하는 것입니다. 그분은 세상을 사랑하라고 하지 않으셨습니다. 세상을 사랑하는 것은 하나님이 하실 일이니 우리는 빠지는 것이 좋습니다. 물론 세상에 관심을 가져야 하지만 말입니다.

다른 제자들을 사랑하는 것이 핵심입니다. 다른 제자들은 교단이나 사역 단체별로 분리된 존재가 아님을 알아야 합니다. 모두 예수님을 따르는 사람이며, 우리는 서로를 그렇게 대해야 합니다. 그럴 때, 책에서 접했던 본회퍼 같은 사람들이 겪은 모든 놀라운 일이 우리에게도 저절로 실현됩니다. 스스로 굴러가는 차에 올라타는 셈이지요. 당신은 그 자리에 있기만 하면 됩니다.

존: 사람들을 도와서 "내 영적 삶은 어떠한가?"라고 스스로 묻고, 또 답하게 하려면 어떻게 해야 합니까?

달라스: 아주 천천히 한 명씩 "당신의 영적 삶은 어떻습니까?"라고 묻고 그들의 말을 경청해야 합니다. 듣고 나서도 다른 말을 하지 않고 또 묻습니다. "당신에게 힘든 부분이 무엇입니까?" 거기서부터 시작해야 합니다. 상대의 고충을 알아야 합니다.

존: 내가 자란 교회에서 누군가 내 영적 삶이 어떠냐고 물었다면, 경건의 시간을 꾸준히 하고 있느냐는 뜻으로 해석했을 겁니다.

달라스: 그렇지요. 교단이나 전통마다 이 질문에 따라붙는 정답 목록이 있습니다. 하지만 문제의 핵심은 목록이나 범주를 다 초월합니다. 정말 알아야 할 것은 상대가 하나님과 어떻게 지내고 있느냐이니까요.

존: 상대가 힘들어하는 부분에서 시작한다 그거군요. 교회 예배에 활용하면 흥미로운 질문이 될 듯합니다. 예배를 시작할 때 "여러분에게 힘든 부분은 무엇입니까?"라고 묻는 겁니다. 그러면 교인들은 "목사님은 어떠하십니까?"라고 답할 수 있겠지요.

달라스: 그러면 정말 혁신적인 일이 될 겁니다. '익명의 알코올 중독자들'과 비슷한 유형이 되는 거지요. 그런 모임에서는 다수의 중독자들에게 적당히 묻어갈 수 없습니다. 처음부터 내 상태를 밝혀야 합니다. 이를테면, 나는 회복 중인 죄인이니까 어떻게 회복되어 가는지 그리고 지금 겪는 걸림돌은 무엇인지 묻겠지요. 그

다음, 상대의 말을 경청하고 문제를 다루어 갑니다. 물론 이 과정은 하나님이 하시는 일임을 밝히는 것이 중요합니다. 한낱 기술에 불과한 것이 아닙니다. 그럼에도 우리가 해야 할 일이 있고 해서는 안 될 일도 있습니다.

존: 흔히 우리가 교회에서 말하는 내용은 아주 추상적인 신학, 또는 삶과 동떨어진 느낌이 드는 경건 생활인 것 같습니다. 삶과 관련된 문제를 다룬다면 성경 구절을 더러 곁들인 좀더 치유적인 내용이고요. 하지만 당신이 말하는 내용은 실제 삶이며, 사람들이 살아가는 삶의 실상에서 시작합니다. 우리의 마음과 인간관계 등 구체적인 실존에 깊이 뿌리박고 있는 생생한 삶의 현장 말이에요. 그러면서도 예수님과 그분의 길에 깊이 맞닿아 있습니다. 그런데 우리는 그런 대화를 잘하지 못합니다.

달라스: 서로를 축복하는 일이 워낙 희귀해져 공적인 행위가 되었습니다. 정녕 우리는 축복을 통해 영혼의 친밀한 교류에까지 이를 수 없는 걸까요? 우리는 그 자리를 매우 두려워합니다. 판단받는 것에 대한 두려움도 원인이 되겠지요. 거부당하는 일이야말로 인간에게 벌어지는 가장 잔인한 일 중 하나이니까요. 우리는 말로는 "당신을 거부합니다"라고 하지 않지만 몸짓 언어와 말투 등으로 거부의 뜻을 전합니다.

그래서 회피합니다. 무슨 문제가 있으면 당신 같은 목사인 전문가를 찾아가지요. 그러면 당신은 해결해 주어야 합니다. 단, 상대의 삶에 개입해서는 안 되지요. 목자, 곧 영혼을 돌보는 사람의 진정한 소명이 그것인데도 말입니다. 상대의 삶에 개입하려면 자신도 거의 벌거숭이가 되어야 합니다. 자신의 연약한 모습을 철저히 내보여야 연약함의 세계로 들어갈 수 있습니다.

어떻게 연약한 모습을 내보일 수 있을까요? 하나님 나라 안에서 살아갈 각오가 되어 있어야 합니다. 지금 여기서 나와 당신 사이에 벌어지는 일을 전적으로 하나님께 의탁해야 한다는 뜻입니다. 이것이야말로 쉬운 멍에이고 가벼운 짐입니다. 다시 여기로 돌아왔군요. 하지만 가장 중요한 문제는 여기에 도달하는 것입니다. 당신의 도움으로 상대가 자신의 힘든 부분—왠지 힘들어야 할 것 같은 부분이 아니라 정말로 힘든 부분—을 비로소 털어놓을 수 있다면, 그때부터 당신은 함께 있어 주고 가르쳐 줌으로써 하나님 나라로 들어갈 수 있습니다. 아울러 상대를 축복할 줄 알아야 하고, 하나님의 역사하심을 기다리며 곁에 있어 주어야 합니다.

한 개인과 대화할 때 중요한 것은 "하나님이 무슨 일을 하고 계시는가?"입니다. 내가 하는 일은 관건이 아닙니다. 앞서 본회퍼의 명언을 인용했듯이 우리는 결코 사람을 일대일로 만나지 않고 그리스도의 주관하심 속에서 만납니다. 그럴 때 비소로 교제가 시작될 수 있지요. 본회퍼가 쓴 『신도의 공동생활』의 첫 장은 우리가 삶에서 만날 가장 값지고 소중한 글 중 하나입니다. 본회퍼 같은 지식인이 어떻게 그런 내용을 썼는지는 모르지만 정말 핵심을 간파했습니다. 난해한 학구적 내용이 아닙니다. 내 책이 읽기 어렵다고 생각된다면, 서신과 평론 말고 그가 쓴 다른 책을 읽어 보십시오. 그는 가장 진지한 부류에 속하는 유력한 학자였습니다. 물론 모두 귀한 내용입니다.

어쨌든 본회퍼는 경험을 통해 배웠고 일부를 적나라하게 털어놓았습니다. 이를테면, 다른 사람을 만날 때 그리스도의 임재 안에서 만난다는 고백이 그렇지요. 따라서 중요한 것은 내가 원하는 일이나 상대가 원하는 일이 아니라, 그리스도께서 우리와 함께하고 계신 것입니다. 그것을 보는 법을 배워야 하며, 그럴 때 우리는 자유로이 스스로를 드러낼 수 있습니다.

7 축복

달라스 윌라드

여호와는 네게 복을 주시고
너를 지키시기를 원하며
여호와는 그의 얼굴을 네게 비추사
은혜 베푸시기를 원하며
여호와는 그 얼굴을 네게로 향하여 드사
평강 주시기를 원하노라.

―아론의 축복, 민수기 6:24-26

우리는 그리스도를 따르는 자로서 주변 모두에게 끊임없이 흘러나가는 축복의 통로가 되기를 원한다. 그렇다고 우리가 항상 말을 한다는 뜻은 아니다. 예수님은 그분으로부터 우리를 통해 복이 흘러갈 것이라고 약속하셨다. 우리는 의식적으로 거기에 동참할 수 있어야 한다.

축복은 일어나 손을 뻗고 "하나님의 복을 빕니다"라고 말하는 데서 끝나서는 안 된다. 나는 지금부터 당신을 축복 안으로 더 깊이 끌어들이고자 한다. 혹시 중간에 불편하거나 위협적으로 느껴지는 부분이 있더라도 잘 넘기기를 바란다. 그러나 걱정할 것 없다. 우리는 잘 해낼 것이다. 반면, 이전보다 좀더 모험에 나서고 싶다면 축복에 대한 더 깊은 이해는 당신에게 큰 도움을 줄 것이다.

축복이란 무엇인가?

축복이란 타인의 삶 속에 유익을 퍼뜨리는 일이다. 말만 하는 것이 아니라, 타인의 유익을 바라는 당신의 의지를 실제로 내보내는 것이다. 그래서 축복에는 언제나 하나님이 개입된다. 타인의 유익을 바라는 의지는 품을 수 있지만, 그 유익을 실현하실 능력은 하나님께만 있기 때문이다. 따라서 우리는 자연스레 "하나님의 복을 빕니다"라고 말한다.

하나님의 이름으로 타인의 유익을 바라는 것이 상대를 축복하는 것이다. 이때 우리는 상대를 위해 바라는 유익을 공고히 하고

자 하나님을 부른다. 이것이 축복의 본질이다. 복이란 우리가 하나님으로부터 받아서 남에게 베푸는 것이다. 축복의 반경을 알려면, 우리를 저주하는 자를 축복하라고 하신 예수님과 바울의 가르침을 보면 된다.

반대로 저주란 상대에게 해악을 퍼뜨리는 일이다. 말이나 태도를 통해 상대의 삶 속에 해악을 들여놓는 일이다. 그래서 우리는 악의와 분냄과 노함을 버려야 한다. 우선 그런 것들을 다 버리는 데서부터 출발해야 한다. 그런 것들은 이미 존재하기 때문이다. 인간 삶의 본성이 그러하며, 너무 가혹하고 너무 마음을 상하게 한다. 그렇다면 여기에 어떻게 대처할 것인가? "축복하고 저주하지 말라." 하나님의 이름으로 상대의 유익을 바라는 것, 그것이 축복이다.

이제 여기서 좀더 깊이 들어가 보자. 축복이란, 말로만 하는 일이 아니기 때문이다. 축복은 이를 악물고 "축복합니다"라고 말하는 것이 아니라, 그 속에 우리의 전 존재를 아낌없이 쏟아붓는 것이다. 그러므로 다른 무엇보다도 축복하는 일을 성급하게 해서는 안 된다. 자칫하면 생각 없이 "하나님의 복을 빕니다"라고 내뱉는 것이 습관이 된다. 물론 다른 많은 말들보다 낫긴 하지만, 우리는 자신의 전 존재로 축복할 수 있는 사람이어야 한다. 그야말로 깊은 생각을 요하는 일이다. 후다닥 중얼중얼 해치울 일이 아니다. 축복은 지극히 인격적이고 강력한 행위이기 때문이다.

축복을 받는 법

축복할 때 어려운 점 하나는 상대를 한동안 가만히 있게 해야 한다는 것이다. 가만히 있어야 축복을 받을 수 있다. 축복을 받는 데도 바람직한 법도와 자세가 있다. 축복을 받을 때, 받은 축복을 다시 주어야 한다고 생각하지 말아야 한다. 그냥 축복을 받을 줄 아는 사람이 되기란 정말 쉽지 않다. 하지만 축복을 받을 줄 아는 자세야말로 더불어 사는 은혜로운 삶의 일부다. 우리 모두는 이 부분이 아주 부족하다고 느낄 것이다. 누가 우리를 축복하면 뭔가 빚을 지는 기분이 든다. 하지만 그것을 뛰어넘어야 한다.

축복은 빚을 지는 행위가 아니라, 은혜의 행위다. 그냥 받으면 된다. 하지만 그러려면 시간이 걸린다. 축복을 받으려면 그만큼 영혼이 차분해질 수 있어야 한다. 교회 예배에서 축도를 하는 방식 때문에 생긴 서글픈 결과가 있다. 그 시간에 사람들이 '언제 끝나지?' 하는 등 딴생각을 하는 것이다. 물론 늘 그렇지는 않겠지만, 사람들은 자신에게 베풀어지는 축복을 받아들이지 않는 경향이 있다.

아론의 축복을 나누라

민수기 6장 24-26절에는 아론의 위대한 축복이 나온다. 이것은 모세가 형 아론을 통해 이스라엘 백성에게 베푼 축복이다. 이것을 주신 하나님께 감사한다! 이보다 축복을 더 발전시키려고 해 보아도 그다지 큰 진전을 이룰 수는 없음을 깨달을 것이다. 지금부터 이 축복을 살펴보며 내용을 생각해 보자.

"여호와는 네게 복을 주시고." 즉 "하나님이 당신의 삶 속에 끊임없이 유익을 가져다주시고"라는 뜻이다. "여호와는 네게 복을 주시고 너를 지키시기를 원하며." 이것은 "하나님이 울타리를 둘러 당신을 보호하시고, 예수님의 피와 그리스도의 영이 당신을 살펴 지키시기를 원하며"라는 뜻이다. 이 축복은 주기도문이나 성경의 다른 부분들과 함께 공부하면 좋다. 당신이 누군가에게 "하나님은 당신에게 복을 주시고 당신을 지키시기를 원하며"라고 말한다고 잠시 생각해 보라. 상대를 똑바로 쳐다보며 말한다고 상상해 보라. 이것은 워낙 친밀하여 위협적으로 느껴질 수도 있다. 나도 모임을 하면서 이 말씀으로 서로 축복하는 것을 많이 해 보았는데, 사람들이 울음을 터뜨리기도 하고 웃음을 터뜨리기도 한다. 그만큼 깊은 속에까지 가닿기 때문이다.

지금 당신이 누군가의 눈을 응시하며 "하나님은 당신에게 복을 주시고 당신을 지키시기를 원하며"라고 말한다고 생각해 보라. **당신을 강조하라.** 복은 철저히 각자의 것이 되어야 한다. "여호와는 **네게 복을 주시고 너를** 지키시기를 원하며 여호와는 그의 얼굴을 **네게 비추사.**" 성경에는 하나님의 얼굴에 대한 말씀이 아주 많이 나온다. 우리가 누릴 수 있는 가장 귀한 것 중 하나는 하나님의 빛나는 얼굴 앞에서 사는 삶이다. 빛나는 얼굴이 막연하게 느껴지거든 아무 할아버지나 할머니를 찾아내 손자 손녀 앞에서 빛나는 얼굴을 보라. 약간 감이 잡힐 것이다. 얼굴이 빛나는 사람은 엄청난 광채를 뿜어낸다. 당신의 얼굴은 본래 빛나게 되어 있다. 영광은 본래 하나님에게서 인간에게로 옮아가도록 되어 있다. 영광은 언제나 빛나며 항상 빛을 발한다.

지금 당신은 하나님의 빛나는 얼굴이 상대를 살펴 주시기를 구하는 것이다. "여호와는 그의 얼굴을 네게 비추사 은혜 베푸시기를 원하며." **은혜**란 그분의 사랑과 활동이 흘러나와 유익을 만들어 낸다는 뜻이다. "은혜 베푸시기를 원하며." 역시 서두르지 말라. 그저 묵상하는 마음으로 쭉 다시 읽어 보라. "여호와는 네게 복을 주시고 너를 지키시기를 원하며 여호와는 그의 얼굴을 네게 비추사 은혜 베푸시기를 원하며 여호와는 그 얼굴을 네게로 향하여 드사." 이것은 우리 인간들이 관계 맺는 방식에서 따온 흥미로운 표현이다. "얼굴을…드사"라는 말은 "여호와는 너를 직접 찾아가 너를 똑바로 보사"와 같은 뜻이다.

축복 속에 충만한 하나님의 임재

축복의 핵심은 하나님의 명확한 임재다. 알다시피 하나님은 무소부재하시지만 그 임재가 어디서나 명확한 것은 아니다. 축복 내지 축도는 하나님의 임재를 상대에게 명백히 전하기 위한 것이다. "여호와는 그 얼굴을 네게로 향하여 드사 평강 주시기를 원하노라." 하나님이 임재하시면 평강이 온다. 그분이 우리를 바라보시고 빛나는 얼굴로 살펴보실 때 평강이 온다.

　시편에서 보듯이 여호와의 눈과 귀는 의인에게 열려 있다. 그분은 그들의 부르짖음에 귀 기울이신다. 축복을 통해 우리가 구하는 바는 그런 환경에 사는 삶이다. 하나님의 이름으로 축복하는 상대에게 하나님의 실재라는 환경 전체가 현존하기를 구하는 것이다. 그러니 각 문장의 깊이를 생각해 보라.

　물론 다른 말로 축복할 수도 있다. 하지만 하나님이 친히 정하여 기록해 두신 것보다 더 좋은 표현을 만들어 내기는 어렵다. 그분은 "그들은 이같이…축복할지니 내가 그들에게 복을 주리라"고 말씀하셨다. 그러니 각 문장의 깊은 의미를 생각해 보라. 축복할 때는 시간을 들여 생각해야 한다. 상대의 목깃을 잡아매서라도 가만히 있게 해야 할 수도 있다. 아이들과 사랑하는 이들에게 그렇게 한다. 또한 적절하다면 삶 속에서 마주치는 다른 사람들에게도 할 수 있다.

교회의 축복

교회를 축복의 장으로 생각하라. 당신은 왜 교회에 나가는가? 복을 받고 또 베풀기 위해서다. 이것 역시 시간이 좀 필요하다. 하나님이 뭔가를 이루실 수 있는 여지를 교회 예배 시간에 충분히 드려야 한다.

여호와는 네게 복을 주시고 너를 지키시기를 원하며

여호와는 그의 얼굴을 네게 비추사 은혜 베푸시기를 원하며

여호와는 그 얼굴을 네게로 향하여 드사 평강 주시기를 원하노라.

(민 6:24-26)

    다른 축복의 말을 더하고 싶을 수도 있다. 얼마든지 좋다. 당신이 하나님의 이름으로 상대에게 빌어 주고 싶은 유익은 무엇인가? 그 내용을 쓰면 된다. 그러면 축복은 자연히 그 모습을 띤다. 축복을 주고받는 상대가 가족이나 가까운 사람이라면, 특정 내용을 더하여 축복할 수도 있다. 축복이란 상대의 유익을 위해 하나님의 이름으로 당신 자신을 내주는 것임을 잊지 말라.

    예배를 마칠 때 회중이 목사나 음악 봉사자나 예배 인도자를 축복하는 것도 좋다. 놀라운 선물이 될 것이다.

    평소에 늘 축복하며 살면, 하나님 아래서 다른 사람들을 대하는 생활 방식으로 굳어진다. 삶의 모든 상황 속에 그것을 가져갈 수 있다. 상황이 어려울수록 우리가 가져다줄 축복 내지 축도는 더 요긴해진다. 당신에게 도전하건대, 그로 인한 변화를 직접 경험해 보라. 축복을 꼭 큰 소리로 말할 필요는 없다. 그래도 되지만 그래야 하는 것은 아니다. 당신이 하나님 나라 안에 살면서 그런 분위기를 만들어 낸다면 그 영향은 범사에 나타날 것이다.

    우리는 예수님이 분부하신 모든 것을 행하는 법을 배워야 하

는데, 축복은 거기에도 도움이 된다. 축도나 축복을 하는 과정에서 그분이 분부하신 모든 것을 자연스레 행하게 되기 때문이다. 주변 사람들이 그분의 분부대로 행하지 않을 때도 축복은 당신에게 설 자리를 마련해 준다. 당신은 그 자리에 견고히 설 수 있다. 하나님은 바로 거기서 당신을 지지하시며 당신에게 선과 의를 행할 능력을 주신다. 선과 의를 행하기가 어렵거든 잊지 말고 그 안에 축복을 들여놓으라. 누군가를 축복하면서 동시에 그를 해치기는 불가능하다는 것을 알게 될 것이다. 축복은 삶 전체를 변화시킬 수 있다.

축복의 사람이 되라

이제 당신이 축복의 사람이 된다고 상상해 보라. 당신에게서 흘러나오는 축복이 당신과 주변 사람들의 특징이 된다고 생각해 보라. 지역사회마다 축복을 흘려보내는 사람들이 점점이 흩어져 빛날 것이다. 또 교회는 지역사회에서 불가항력의 존재가 될 것이다. 지역사회로 흘러드는 사랑은 예수님의 실재, 하나님의 계획, 우리 안에 역사하는 하나님 나라를 증언하는 간증이 될 것이다.

당신이 축복의 사람이 된다고 상상해 보라. 그것이 당신의 정체성이다. 누가 당신의 이름을 대며 "그 사람이 누구입니까?"라고 물을 때 이런 답이 나온다고 생각해 보라. "아, 그 사람은 축복의 사람입니다. 본인 스스로도 그렇게 생각합니다." 나는 누구인가? 나는 축복의 사람이다. 하나님이 내 안에서 살고 계시기에 내게서 축복이 나온다. 그래서 내게는 희망이 있다. 바라건대, 당신이 이 글을 읽는 동안 희망과 감화를 받았기를 기도한다. 당신 안에 희망이 차오르고, 당신도 축복의 사람이 되며, 선하신 하나님 덕분에 그 복이 당신의 삶을 에워싸기를 바란다.

당신의 소소한 사생활, 교회, 공동체, 일터, 직장, 학교 등에서 축복을 실험해 보기 바란다. 늘 축복이 흐르게 하라.

대담

달라스 윌라드와 존 오트버그

존: 예수님은 누군가를 생생하게 만나신 뒤, 대개 상대에게 할 일을 주십니다. 그 일은 율법이 아니라, 그들을 도와서 구체적이고 지속적으로 변화를 실현하게 할 방편이었지요. 부자 청년에게 예수님은 큰 것을 요구하셨습니다. "가서 네게 있는 것을 다 팔아 가난한 자들에게 주라.…그리고 와서 나를 따르라." 간음하다 잡힌 여인에게는 "가서 다시는 죄를 범하지 말라"하셨고요. 깨끗함을 받은 나환자들에게는 "가서 제사장에게 네 몸을 보이라"고 하셨습니다. 물론 그중 한 명은 거기서 그치지 않고 다시 돌아와 감사를 드렸습니다.

이 책에서 여러분이 자신의 변화에 도움이 될 만한 구체적인 내용을 취하셨는지 모르겠습니다. 그것은 예수님과 여러분 각자, 곧 둘 사이의 일이지요. 거기에는 실천도 수반될 것입니다. 관계, 사건, 말로 감사를 표현하는 일, 재정, 대화해야 할 누군가, 교회 일

등과 관련된 것일 수도 있습니다. 그 일에 시간을 내겠습니까? 그 일이 무엇인지 잘 모르겠거든 이렇게 물어보면 됩니다. "친구이신 주 예수님, 제가 주님을 위해 할 수 있는 일이 무엇이 있을까요?"

그다음 잠시 시간을 내어 결단하십시오. 정말 분명하게 "지금 제가 결단합니다"라고 아뢰십시오. 일정한 기간이 수반되는 결단이라면 그 기간을 지키기로 다시 결단하고 헌신하십시오. 누군가에게 알리는 것이 결단을 굳히는 데 도움이 되겠거든 그렇게 하십시오.

달라스, 축복해 주시겠습니까?

달라스: 한 분이어서 여럿이 아니고 여럿이어서 한 분이 아니신 전능하신 하나님, 우리는 주님의 영광스러운 속성을 주님의 은혜로 희미하게 볼 수 있을 뿐입니다. 지금 이 순간 우리의 심령이 일어나 주님을 축복합니다. 오 하나님, 우리의 의지로 주님의 유익을 구합니다. 보좌에 앉으신 주님께 축복과 존귀와 영광과 권능을 돌립니다. 주님의 존재와 성품에 대한 감사를 주체할 수 없어 우리의 심령이 주님을 향해 일어섭니다. 우리의 축복을 고백합니다. 우리 아버지를 축복합니다. 우리 구주를 축복합니다. 성령을 축복합니다. 삼위일체 하나님을 축복합니다.

우리의 삶 전부를 주관하여 주소서. 늘 주님의 성품을 경배하며 살도록 우리를 꼭 붙들어 주소서. 주님께 복이 될 일에만 우리의 의지를 두고 우리 자신을 바칩니다. 이 순간 예수님을 위하여 그렇게 합니다. 우리 삶 속에 늘 동행하여 주소서. 그리하여 우리의 심령이 늘 일어나 주님을 축복하게 하소서. 그렇게 되게 하소서. 아멘.

감사의 말

"그리스도를 아는 지식"이라는 주제로 집회를 잘 마칠 수 있도록 도와주신 모든 분들과 특히 멘로파크 장로교회의 영상 팀에게 감사를 드린다.

댄 베어, 기술 프로듀서

앨린 청, 영상 기술

데이브 슈워츠, 영상 기술

랍 이리아트보드, 음향 기술

케이시 파울러, 미디어 기술 보조

스캇 스크러그즈와 니콜 라우브셔, 소셜 미디어

집회 운영을 맡아 준 에린 패터슨에게도 감사를 전하고 싶다.

녹음된 강연을 충실하게 글로 풀어낸 캐럴 던에게도 감사를 드린다.

"그리스도를 아는 지식" 집회에 재정을 후원하고 달라스 윌라드의 저작을 홍보해 준 '달라스 윌라드 센터'에도 감사를 드린다. 집회에 참석하여 현장에서 달라스를 응원해 준 제인 윌라드, 빌과 베키 히틀리 부부에게도 감사를 전한다.

달라스 윌라드 센터를 대표하여
게리 문

부록
토론 가이드

계리 문

이 토론 가이드는 책과 DVD를 과별로 종합한 것이다. 활자화 과정에서 약간 다듬었을 뿐 책의 내용은 DVD와 똑같다. 원한다면 DVD는 시청하지 않고 책만 가지고 토론 질문을 활용해도 좋다.

성공적인 소그룹을 위해 더 필요한 준비물은 무엇인가?

- 텔레비전 모니터
- 비디오 재생기(받침대, 연장 코드 등)
- 시간을 확인할 손목시계나 벽시계
- 인도자 지침서(DVD 케이스에 들어 있으며, 인도자를 순번제로 맡아 그룹에서 공용으로 써도 좋다)
- 신구약 성경(그룹 멤버당 한 권씩)
- 각자 쓸 공책, 펜이나 연필
- 『하나님의 임재』

더 알아둘 것은?

- 이 가이드는 교회 그룹이나 가정 그룹 어디서나 활용해도 좋다. 1장부터 6장까지는 대략 120분이면 소화할 수 있고 7장은 60분 이내에 마칠 수 있다. 교회의 상황은 더 틀에 짜여 있고 시간에 민감하므로 인도자가 각 장의 진행 순서에 제시된 제한 시간을 잘 따라야 모든 내용을 마칠 수 있다. 가정에서 할 경우에는 격식이 덜 갖추어지므로 인도자가 더 융통성을 발휘할 수 있다. 어느 경우든 이 제한 시간은 **제안**일 뿐이므로 상황에 맞게 조정하면 된다.

- 내용을 자세히 다 다루려면 7개의 장을 13과로 나누는 것도 좋다. 각 장을 두 개의 과로 나누어 첫 과에서는 달라스나 존의 강연을 공부하고 다음 과에서는 강연 후 이어진 대담이나 질의응답에 집중하면 된다. 마

지막 7장(13과로 나누는 경우는 제13과)은 한 시간이면 충분하므로 둘로 나눌 필요는 없다.
- 각 과마다 당신 그룹의 특성에 맞게 얼마든지 고쳐도 좋다. 원한다면 표현을 바꾸거나 질문을 추가하라. 특정 질문이 당신의 그룹을 너무 자극하거나 불편하게 할 것 같거든 생략하거나, 전원이 모든 질문에 다 답할 필요는 없음을 인식하라. 무엇보다 하나님이 각 참석자의 마음과 생각의 폭을 넓혀 주시리라는 기대감을 품고 각 장에 임하기 바란다.

1. 잘 사는 법: 영원한 삶은 지금 시작된다

인도하기 전 소그룹을 가장 잘 인도하려면, 비디오 1과를 미리 보고 책 1장을 읽는 것이 매우 중요하다. 이번 장의 진행 순서를 숙지하고 필요한 준비물을 챙긴다.

진행 순서:

도입(4분)

    환영과 시작 기도(1분)

    질문과 대답(3분)

비디오를 통한 가르침(90분, 달라스와 존의 대담은 44분 5초 지점에서 시작된다)

비디오에 대한 토의(12-15분)

마무리(3분)

주의 2시간(7과로 나눈 경우) 또는 1시간(13과로 나눈 경우) 안에 이번 과를 마쳐야 한다.

도입: 공부에 모인 참석자들을 환영하고, 원한다면 짧게 기도하라. 앞으

로 다음 6주간에 걸쳐 다룰 전체 주제를 간략히 소개하고, 멤버들에게 이번 장의 주제인 "잘 사는 법"을 중심으로 공부에 임하는 소감을 물어도 좋다.

"잘 산다는 것, 부요하다는 것은 무슨 뜻인가?"와 같은 질문으로 멤버들의 반응을 이끌어 내는 것도 괜찮다.

비디오를 통한 가르침: 이번 과의 비디오를 시청한다. 참석자들은 펜이나 연필로 공책에 필기할 수 있다.

비디오에 대한 토의: 비디오를 보았으니 이제 주제를 더 탐색하고자 멤버들에게 다음의 질문에 관해 생각하게 한다.

1. 달라스는 이렇게 말한다. "믿음과 지식을 분리시키면 사람들을 어떤 행동으로 몰아가게 된다. 기초를 제공해 주어야 사람들이 이를 바탕으로 개인과 단체로서 어떻게 살아갈지를 결정할 수 있는데 말이다." 당신은 믿음과 지식의 차이를 어떻게 설명하겠는가? (도움말: 성경에서 말하는 누군가를 "안다"는 것은 언제나 친밀한 교류를 암시한다.)

2. 사람을 뒤에서 밀어붙이기보다 제자도 안으로 끌어들여야 한다는 말이 무슨 뜻이라고 생각하는가?

3. 당신의 복음, 당신이 중심에 둔 메시지는 무엇인가? (도움말: 당신의 복음은 이미 마련된 답과 삶으로 보여 주는 관계 중 어느 쪽을 중심에 두고 있는가?)

주의: 이번 주제를 두 과로 나누어 마치기로 했다면, 달라스와 존의 대담을 보고 나서 다음의 질문을 던진다.

1. "종교 생활을 가늠하는 기준은 삶입니다." 달라스의 이 말은 무슨 뜻인가?

2. 누군가가 그리스도를 안다고 말할 수 있으려면, 그 사람의 삶 속에서 무엇이 참이어야 하는가?

3. 그리스도를 친밀하게 지속적으로 알아 가는 것은 가벼운 짐과 쉬운 멍에를 메고 살아가는 삶과 어떤 관계가 있는가?

마무리: 마치기 전에 참석자들에게 다음 모임에 올 때까지 다음의 본문을 읽고 묵상하도록 권한다.

- 마태복음 11:28-30   쉬운 멍에
- 마태복음 28:18-20   지상명령
- 요한복음 17:3   성경에 예수님이 "영생"을 정의하신 유일한 곳

기도로 마친다: 인도자가 멤버들을 위해 대표로 기도하는 것도 좋다. 각자 하나님의 초대에 응하여 지금부터 그분의 친구이자 학생으로 살아가기를 기도하라.

더 읽을 내용

달라스 윌라드, 『하나님의 모략』(The Divine Conspiracy, 복있는사람) 1장 "하나님 나라의 현재성"

2. 삶의 변화에 대한 전문가는 누구인가?

인도하기 전 비디오 2과를 미리 보고 책 2장을 읽는다. 이번 장의 진행 순서를 숙지하고 필요한 준비물을 챙긴다.

진행 순서:

도입(4분)

　환영과 시작 기도(1분)

　질문과 대답(3분)

비디오를 통한 가르침(64분, 존과 함께하는 청중의 질의응답은 46분 48초

지점에서 시작된다)

비디오에 대한 토의(12-15분)

마무리(3분)

주의 2시간(7과로 나눈 경우) 또는 1시간(13과로 나눈 경우) 안에 이번 과를 마쳐야 한다.

도입: 공부에 모인 참석자들을 환영하고, 원한다면 짧게 기도하라. 지난 과의 가르침과 묵상에서 혹시 질문이 있는지 물어볼 수 있다. 이번 과의 전체 주제인 "삶의 변화에 대한 전문가는 누구인가?"를 간략히 소개하는 것도 좋다.

"지난 며칠 동안 쉬운 멍에의 삶을 경험한 적이 있는가? 있다면 간략히 나누어 보라"는 질문으로 멤버들의 반응을 이끌어 내는 것도 괜찮다.

비디오를 통한 가르침: 이번 과의 비디오를 시청한다. 참석자들은 펜이나 연필로 공책에 필기할 수 있다.

비디오에 대한 토의: 비디오를 보았으니 이제 주제를 더 탐색하고자 멤버들에게 다음의 질문에 관해 생각하게 한다.

1. 당신이 아는 사람 중 삶의 변화에 대한 전문가는 누구인가? 어떻게 하면 그런 사람이 될 수 있겠는가?

2. 예수님을 스승으로 받아들이는 것과 구주로 영접하는 것은 어떻게 다른가?

3. 사람들이 당신의 장례식에서 무슨 말을 해 주기를 가장 바라는가? 그 모든 내용이 이미 당신이 지닌 모습이라면 더 바랄 게 없다! 하지만 그중에는 아직 온전히 이루지 못한 부분도 있을 것이다. 그렇다면 진정으로 선한 사람이 되는 법과 관련하여 당신이 배운 교훈은

무엇인가?

4. 예수님의 복음은 천국에 들어가기 위한 최소한의 요건만 말하는 복음과 어떻게 다르다고 보는가? (도움말: <몬티 파이튼의 성배>를 얼마든지 인용해도 좋다.)

주의: 이번 주제를 두 과로 나누어 마치기로 했다면, 다음의 질문들은 존과 함께하는 질의응답을 보고 나서 묻는다.

1. 사람이 실제로 믿는 것이 무엇인지 시험하는 진짜 기준은 무엇인가?
2. 참된 믿음의 유익이란 무엇인가?
3. 영적 성숙에 대해 서기관이나 바리새인이 따라올 수 없는 평가 기준을 만든다면 어떤 항목을 넣겠는가?

마무리: 마치기 전에 참석자들에게 다음 모임에 올 때까지 다음의 본문을 읽고 묵상하도록 권한다.

- 시편 1편 두 가지 길
- 마가복음 1:14-15 예수님의 복음
- 고린도전서 1:17-31 인간의 지혜의 한계
- 고린도전서 13장, 변화된 (선한) 사람들의 모습
  베드로후서 1:1-11,
  골로새서 3:1-17

기도로 마친다: 인도자가 멤버들을 위해 대표로 기도하는 것도 좋다. 각자 하나님의 초대에 응하여 변화를 낳는 대화적 관계 속에 살아가기를 기도하라.

더 읽을 내용

달라스 윌라드, 『그리스도를 아는 지식』 8장 "모든 민족의 선생으로서의 목회자"

3. 하나님 나라에 들어가 사는 법

인도하기 전 비디오 3과를 미리 보고 책 3장을 읽는다. 이번 장의 진행 순서를 숙지하고 필요한 준비물을 챙긴다.

진행 순서:

도입(4분)

　환영과 시작 기도(1분)

　질문과 대답(3분)

비디오를 통한 가르침(73분, 달라스와 존의 대담은 40분 55초 지점에서 시작된다)

비디오에 대한 토의(12-15분)

마무리(3분)

주의 2시간(7과로 나눈 경우) 또는 1시간(13과로 나눈 경우) 안에 이번 과를 마쳐야 한다.

도입: 공부에 모인 참석자들을 환영하고, 원한다면 짧게 기도하라. 지난 과의 가르침과 묵상에서 혹시 질문이 있는지 물어볼 수 있다. 이번 과의 전체 주제인 "하나님 나라에 들어가 사는 법"을 간략히 소개하는 것도 좋다.

"'하나님 나라'라는 말은 당신에게 어떤 의미가 있는가?"와 같은 질문으로 멤버들의 반응을 이끌어 내는 것도 괜찮다.

비디오를 통한 가르침: 이번 과의 비디오를 시청한다. 참석자들은 펜이나 연필로 공책에 필기할 수 있다.

비디오에 대한 토의: 비디오를 보았으니 이제 주제를 더 탐색하고자 멤버들에게 다음의 질문에 관해 생각하게 한다.

1. 달라스에 따르면, 하나님 나라에 살기 위한 첫걸음은 그리스도와 그분의 복음—누구나 누릴 수 있도록 현존하는 천국—을 공부하는 것이다. 그 나라는 그리스도를 통해 지금 여기서 누리는 실재가 되었다. 그렇다면, 지금 그 나라에 사는 법을 배우기 위해 당신이 해야 할 몫은 무엇인가?
2. 달라스에 따르면, 하나님 나라의 삶을 경험하는 다음 단계는 "과감히 그리스도의 가르침대로 해 보는 것"이다. 즉 경험의 시험이다. 당신에게 하나님과 함께 사는 순간이 점점 더 많아졌던 경험은 어떤 것들인가? (도움말: 하나님 나라의 삶이란, 내 삶 속에 역사하시는 하나님과 함께 사는 것이다.)
3. 고린도후서 5장 17절에 보면 "그런즉 누구든지 그리스도 안에 있으면 새로운 피조물이라. 이전 것은 지나갔으니 보라, 새것이 되었도다"라고 했다. 달라스는 이 구절이 성경 전체에서 가장 오용되는 본문 중 하나라고 했는데, 그 말이 무슨 뜻이라고 보는가?
4. 서기관과 바리새인보다 더 나은 의란 무엇인가?

주의: 이번 주제를 두 과로 나누어 마치기로 했다면, 다음 질문들은 달라스와 존의 대담을 보고 나서 묻는다.

1. 일터, 놀이, 친밀한 관계에서 하나님 나라를 구한다는 것은 무엇인가?
2. 하나님 나라를 구하는 것이 당신의 최우선순위가 아닐 경우, 할 수 있는 최선의 일은 무엇인가?
3. 달라스는 "천국에 가고 싶거든, 지금 가십시오"라는 말을 자주 했다. 이 개념은 지금 하나님 나라에 사는 것과 어떤 관계가 있는가?

마무리: 마치기 전에 참석자들에게 다음 모임에 올 때까지 다음의 본문을 읽고 묵상하도록 권한다.

- 에베소서 2:1-10, 요한복음 3:1-8   하나님의 몫
- 마태복음 5:20-48, 11:25, 18:1-4   인간의 몫
- 마태복음 6:33   우리의 첫 번째 우선순위
- 예레미야 29:13, 역대하 15:4, 15,   반드시 구해야 하는 이유
  마태복음 13:13-15
- 요한복음 8:31-32   제자들이 가야 할 지식의 길

기도로 마친다: 인도자가 멤버들을 위해 대표로 기도하는 것도 좋다. 각자 개인적으로 하나님의 초대에 응하여 삶 전체를 그분의 도제(徒弟)로 살아가기를 기도하라.

더 읽을 내용

달라스 윌라드, 『하나님의 모략』 3장 "예수가 알았던 세상: 하나님 충만한 세상"

4. 삼위일체 하나님을 아는 경험적 지식

인도하기 전 비디오 4과를 미리 보고 책 4장을 읽는다. 이번 장의 진행 순서를 숙지하고 필요한 준비물을 챙긴다.

진행 순서:

도입(4분)

    환영과 시작 기도(1분)

    질문과 대답(3분)

비디오를 통한 가르침(47분, 달라스와 존의 대담은 34분 12초 지점에서 시작된다)

비디오에 대한 토의(12-15분)

마무리(3분)

도입: 공부에 모인 참석자들을 환영하고, 원한다면 짧게 기도하라. 지난 과의 가르침과 묵상에서 혹시 질문이 있는지 물어볼 수 있다. 이번 과의 전체 주제인 "삼위일체 하나님을 아는 경험적 지식"을 간략히 소개하는 것도 좋다.

다음의 질문으로 멤버들의 반응을 이끌어 내는 것도 괜찮다. "당신은 삼위일체 하나님과 꾸준히 대화하는 가운데 변화의 삶을 살도록 지음받았다. 이 사실을 믿는다면 살아가는 방식이 어떻게 달라지겠는가?"

비디오를 통한 가르침: 이번 과의 비디오를 시청한다. 참석자들은 펜이나 연필로 공책에 필기할 수 있다.

비디오에 대한 토의: 비디오를 보았으니 이제 주제를 더 탐색하고자 멤버들에게 다음의 질문에 관해 생각하게 한다.

1. 삼위일체 사이의 삶이란 어떤 것이라고 생각하는가? 이 비전은 직장, 가정, 친구 등의 공동체 안에서 살아가는 당신에게 어떤 도전이 되는가?

2. 존은 "우리는 성령의 은혜로운 사역을 통해 그 사랑의 교제에 초대받았다. 세 분 하나님이 각각 엄청난 대가를 치르셨음은 물론이다"라고 말했다. 이 실재를 더욱 생생히 인식하며 살아가기 위해 당신이 여태껏 터득한 방법은 무엇인가?

3. 1부터 10까지 중에서 점수를 매긴다면, 평소에 당신은 섬김과 사역에 얼마나 안식하며 즐거이 임하고 있는가?

4. 달라스는 하나님과 함께하는 일상생활 속에서 깊은 자족과 기쁨과 확신을 경험하도록 당신의 삶을 조정하라고 했다. 이를 위한 구체적인 방법들을 몇 가지 나누어 보라.

주의: 이번 주제를 두 과로 나누어 마치기로 했다면, 다음 질문들은 달

라스와 존의 대담을 보고 나서 묻는다.

1. 달라스는 우리 삶 속에서 누리는 "삼위일체의 실제적 임재"를 말했는데, 이것을 다른 사람에게 어떻게 설명해 주겠는가?
2. 빌립보서 2장 5-11절("그리스도를 기리는 찬송")을 읽으라. 그리스도는 기꺼이 자기를 "비워" (달라스의 표현으로) 무명의 존재가 되셨다. 우리도 그분을 본받아 명예욕을 버리려면 어떻게 해야 하는가?
3. 교회와 개인이 분리와 경쟁을 극복할 수 있는 실제적 방안들은 무엇인가?

마무리: 마치기 전에 참석자들에게 다음 모임에 올 때까지 다음의 본문을 읽고 묵상하도록 권한다.

- 에베소서 4:1-6   성령이 하나 되게 하신 것
- 요한복음 13:34, 요한일서 2:8   "새 계명"
- 요한복음 14:15-31   삼위일체 하나님이 우리 안에 오셔서 사실 때 벌어지는 일
- 요한복음 17:21-24   삼위일체와 끊임없이 교류하며 자라가는 사랑의 공동체

기도로 마친다: 인도자가 멤버들을 위해 대표로 기도하는 것도 좋다. 각자 하나님의 초대에 응하여 삼위일체가 사랑의 공동체임을 **알도록** 기도하라.

더 읽을 내용

데럴 존슨(Darrell W. Johnson), 『삼위 하나님과의 사귐』(IVP)

5. 인격 이해하기: 보이지 않는 부분까지 포함하여

인도하기 전 비디오 5과를 미리 보고 책 5장을 읽는다. 이번 장의 진행 순

서를 숙지하고 필요한 준비물을 챙긴다.

진행 순서:

도입(4분)

    환영과 시작 기도(1분)

    질문과 대답(3분)

비디오를 통한 가르침(56분, 달라스와 존의 대담은 34분 49초 지점에서 시작된다)

비디오에 대한 토의(12-15분)

마무리(3분)

도입: 공부에 모인 참석자들을 환영하고, 원한다면 짧게 기도하라. 지난 과의 가르침과 묵상에서 혹시 질문이 있는지 물어볼 수 있다. 이번 과의 전체 주제인 "인격 이해하기: 보이지 않는 부분까지 포함하여"를 간략히 소개하는 것도 좋다.

다음 질문으로 멤버들의 반응을 이끌어 내는 것도 괜찮다. "당신이 할 수 있는 다섯 가지 일 즉, 생각하고, 느끼고, 선택하고, 행동하고, 관계 맺는 것 중 지금까지 영성 형성에 가장 도움이 되었던 일은 무엇인가?"

비디오를 통한 가르침: 이번 과의 비디오를 시청한다. 참석자들은 펜이나 연필로 공책에 필기할 수 있다.

비디오에 대한 토의: 비디오를 보았으니 이제 주제를 더 탐색하고자 멤버들에게 다음의 질문에 관해 생각하게 한다.

1. 달라스는 "그리스도인의 성장을 막는 요인 하나는 인격의 각 부분에 주목하지 않는 것이다"라고 말한다. 이어 그는 우리 몸을 산 제물로 드리라고 한 로마서 12장의 말씀을 인용한다. 지금까지 당신은 어떤

방식으로 자신의 각 부분(생각, 감정, 행동/몸, 의지, 관계)을 산 제물로 드렸는가?
2. 영적 훈련을 실천하는 경험이 사람마다 다 똑같지는 않다는 달라스의 말은 무슨 뜻이라고 보는가?
3. 마음을 다하여 하나님을 사랑한다는 말은 무슨 뜻인가? (도움말: 누군가를 사랑한다는 것은 그 사람의 유익을 바란다는 뜻이다.) 하나님께 유익이 되는 것을 몇 가지 꼽는다면 무엇인가?
4. 습관과 관련하여, 영적 훈련으로 할 수 있는 일은 무엇인가?
5. 어떻게 하면 쉽고도 일상적인 순종의 자리에 이를 수 있는가?

주의: 이번 주제를 두 과로 나누어 마치기로 했다면, 다음 질문들은 달라스와 존의 대담을 보고 나서 묻는다.

1. 변화가 너무 어려워 좌절에 빠진 사람을 도울 때, 달라스의 제안에 따르면 어떻게 해야 하는가? 어떤 모습인지 당신의 삶에서 예를 들 수 있는가?
2. 행동 자체를 고치거나 변화시키려고 고집할 때 벌어질 수 있는 일은 무엇인가?
3. 영적 훈련의 실천에서 은혜와 삼위일체의 역할은 무엇인가?

마무리: 마치기 전에 참석자들에게 다음 모임에 올 때까지 다음의 본문을 읽고 묵상하도록 권한다.

- 마가복음 7:20-23   인간의 실패와 비참한 모습의 출처
- 마가복음 12:29-31   하나님과 이웃을 사랑하라는 지상계명
- 시편 19편   영혼의 회복

기도로 마친다: 인도자가 그룹을 위해 대표로 기도하는 것도 좋다. 인격의 각 요소가 가져다주는 복을 즐거워하도록 기도하라.

더 읽을 내용

달라스 윌라드, 『마음의 혁신』(Renovation of the Heart, 복있는사람)

6. 그리스도인의 훈련이 지닌 중요성

인도하기 전 비디오 6과를 미리 보고 책 6장을 읽는다. 이번 장의 진행 순서를 숙지하고 필요한 준비물을 챙긴다.

진행 순서:

도입(4분)

    환영과 시작 기도(1분)

    질문과 대답(3분)

비디오를 통한 가르침(77분, 달라스와 존의 대담은 56분 48초 지점에서 시작된다. 주의: 시청 시간의 균형을 맞추기 위해 존의 강연 중 일부는 7장을 할 때 보아도 된다.)

비디오에 대한 토의(12-15분)

마무리(3분)

도입: 공부에 모인 참석자들을 환영하고, 원한다면 짧게 기도하라. 지난 과의 가르침과 묵상에서 혹시 질문이 있는지 물어볼 수 있다. 이번 과의 전체 주제인 "그리스도인의 훈련이 지닌 중요성"을 간략히 소개하는 것도 좋다.

"현재 당신의 삶에서 그리스도인의 훈련은 어떤 역할을 하고 있는가?"와 같은 질문으로 멤버들의 반응을 이끌어 내는 것도 괜찮다.

비디오를 통한 가르침: 이번 과의 비디오를 시청한다. 참석자들은 펜이나 연필로 공책에 필기할 수 있다.

비디오에 대한 토의: 비디오를 보았으니 이제 주제를 더 탐색하고자 멤버들에게 다음의 질문에 대해 생각하게 한다.

1. 존은 강연 중에 골로새서 3장 1-14절과 베드로후서 1장 1-11절을 낭독했다. 그동안 이 두 말씀을 당신의 삶 속에 실현하는 데 도움이 되었던 실천이 있는가?
2. 그리스도인이 진정으로 영성 형성에 임할 때, 훈련과 시도의 차이를 어떻게 설명하겠는가?
3. 어떤 활동이든 영적 훈련이 될 수 있다면(예컨대 일부러 느린 차선으로 운전하는 일), 당신의 삶에서 영적 훈련이 될 만한 활동은 무엇인가? 각 활동은 절제를 통한 훈련인가 아니면 행위를 통한 훈련인가?

주의: 이번 주제를 두 과로 나누어 마치기로 했다면, 다음 질문들은 달라스와 존의 대담을 보고 나서 묻는다.

1. 자신의 영역에서 다른 제자들(예수님을 멘토로 삼은 사람들)을 더 알아 가기 위해 당신은 무엇을 할 것인가? 어떻게 실제적으로 서로를 격려할 수 있겠는가?
2. 디트리히 본회퍼의 표현처럼 제자도가 단순히 은혜를 수용하는 것이라면, 영적 훈련은 은혜를 받아들이는 것에 어떤 역할을 할 수 있는가?
3. 당신에게 힘든 부분은 무엇인가?

마무리: 마치기 전에 참석자들에게 다음 모임에 올 때까지 다음의 본문을 읽고 묵상하도록 권한다.

- 골로새서 3:1-14,   자신이 되어 가는 모습에 책임을 짐
  베드로후서 1:1-11
- 고린도전서 9:24   훈련 대 시도

- 갈라디아서 5:22-25   영적 훈련과 성령의 열매

기도로 마친다: 인도자가 멤버들을 위해 대표로 기도하는 것도 좋다. 각자 어떻게든 삶을 조정하여 생명력 있는 새로운 습관들을 들이도록 기도하라.

더 읽을 내용

달라스 윌라드, 『영성 훈련』

7. 축복

인도하기 전 비디오 7과를 미리 보고 책 7장을 읽는다. 이번 장의 진행 순서를 숙지하고 필요한 준비물을 챙긴다.

진행 순서:

도입(4분)

    환영과 시작 기도(1분)

    질문과 대답(3분)

비디오를 통한 가르침(24분, 이번 과는 한 번에 다 시청한다)

비디오에 대한 토의(12-15분)

마무리(3분)

도입: 공부에 모인 참석자들을 환영하고, 원한다면 짧게 기도하라. 지난 과의 가르침과 묵상에서 혹시 질문이 있는지 물어볼 수 있다. 이번 과의 전체 주제인 "축복"을 간략히 소개하는 것도 좋다.

"다른 사람의 축복을 받고 당신의 영혼에 치유를 경험한 적이 있다면 나누어 보라"는 질문으로 멤버들의 반응을 이끌어 내는 것도 괜찮다.

비디오를 통한 가르침: 이번 과의 비디오를 시청한다. 참석자들은 펜이나

연필로 공책에 필기할 수 있다.

비디오에 대한 토의: 비디오를 보았으니 이제 주제를 더 탐색하고자 멤버들에게 다음의 질문을 생각하게 한다.

1. 축복과 저주의 차이를 어떻게 설명하겠는가?
2. 당신이 다른 사람에게 "하나님의 복을 빕니다"라고 말하는 것은 무슨 뜻인가?
3. 하나님이 당신을 똑바로 쳐다보시는 것을 느낀 적이 있는가?

마무리: 참석자들을 둘씩 짝지어 아론의 축복으로 서로 축복하게 한다.

여호와는 네게 복을 주시고 너를 지키시기를 원하며

여호와는 그의 얼굴을 네게 비추사 은혜 베푸시기를 원하며

여호와는 그 얼굴을 네게로 향하여 드사 평강 주시기를 원하노라.

(민 6:24-26)

기도로 마친다: 인도자가 대표로 기도하며 달라스가 풀어 쓴 주기도문(『하나님의 모략』 증보 재조판 414페이지)을 천천히 읽는 것도 좋다.

언제나 우리 곁에 계시는 사랑하는 아버지,

아버지의 이름이 귀히 여김을 받으며 사랑받기 원합니다.

아버지의 통치가 우리 안에 온전케 되기 원합니다.

아버지의 뜻이 하늘에서 이루어지는 것같이

여기 이 땅에서도 이루어지기 원합니다.

오늘 우리에게 필요한 모든 것을 오늘 우리에게 주옵소서.

어떤 모양으로든 우리에게 잘못하는 모든 이들을

우리가 용서하는 것같이

아버지께 대한 우리의 죄와 잘못을 용서해 주옵소서.

우리가 유혹을 당하지 않게 해 주시고

모든 나쁜 일에서 건져 주옵소서.

아버지가 주관자이시며

모든 권세가 아버지께 있으며

모든 영광도 영원히 아버지의 것이기 때문입니다.

그것이 곧 우리가 원하는 바입니다!

더 읽을 내용

달라스 윌라드, 『잊혀진 제자도』

옮긴이 **윤종석**은 서강대 영어영문학과를 졸업하였으며, 미국 골든게이트 침례신학대학원에서 교육학(MA), 트리니티 복음주의신학교에서 상담학(MA)을 공부했다. 『거침없는 은혜』 『교회, 나의 고민 나의 사랑』 『남자는 무슨 생각을 하며 사는가?』 『놀라운 하나님의 은혜?』 『마음과 마음이 이어질 때』 『모자람의 위안』 『베푸는 삶의 비밀』 『천년 동안 백만 마일』 『하나님의 음성』 『하나님이 축복하시는 삶』 (이상 IVP), 『예수님처럼』 『재즈처럼 하나님은』 『하나님의 모략』(이상 복있는사람), 『결혼 건축가』 『하나님의 임재 연습』(이상 두란노) 등 다수의 책을 번역하였다.

하나님의 임재

초판 발행_ 2016년 4월 15일
초판 3쇄_ 2018년 9월 10일
무선판 발행_ 2022년 6월 15일
무선판 2쇄_ 2024년 8월 5일

지은이_ 달라스 윌라드
옮긴이_ 윤종석
펴낸이_ 정모세

펴낸곳_ 한국기독학생회출판부
등록번호_ 제2001-000198호(1978.6.1)
주소_ 04031 서울시 마포구 동교로 156-10
대표 전화_ (02)337-2257 팩스_ (02)337-2258
영업 전화_ (02)338-2282 팩스_ 080-915-1515
홈페이지_ http://www.ivp.co.kr 이메일_ ivp@ivp.co.kr
ISBN 978-89-328-1935-8

ⓒ 한국기독학생회출판부 2016, 2022

책값은 뒤표지에 있습니다.
무단 전재와 복제를 금합니다.